椙山女学園大学研究叢書49

70年代ロックとアメリカの風景

音楽で闘うということ

ARMED WITH MUSIC: 70S' ROCK MUSIC AND THE UNITED STATES

長澤唯史
Tadashi Nagasawa

小鳥遊書房

各章扉イラスト　横山ミィ子©

目次

序　音楽で闘うということ

１９６３年生まれのわたしにとって、70年代は「ロックの時代」だった。その時代に育った世代の方々には、個人的な関心の度合いや好悪はともかく、ロックという音楽が今よりもはるかに身近に溢れているものだった、ということには同意してもらえるだろう。それは80年代以降のＭＴＶ／ミュージックビデオの時代とも異なる音楽体験だった。テレビやラジオから流れてくるＣＭ、ドラマやバラエティ番組、街中を歩いていて流れてくる有線放送。そうしたところに和洋の別なく、ロックミュージックは溢れていた。

だがその70年代のロック、あるいはそもそも70年代という時代について論じた文献は少ない。その多くは60年代の政治の時代が終わり、70年代ロックは商業主義に堕したという否定的な視点から語られる言説である。政治的にも68年をピークとする学生運動、反戦運動の季節が終わり、69年にはウッドストックの奇跡からオルタモントの悲劇へと、ひとつの時代の終焉を感じさせる象徴的な出来事も起こる。アメリカでは反動的なニクソン政権が誕生した。イーグルスが「スピリッツが失われた」と歎く69年が終わり、それにつづく70年代は、ベトナム戦争とウォーターゲート事件によって政治への信頼も低下し、オイルショックで経済も停滞。70年代はそうした沈滞したイメージで語られる時代だった。

そして70年代のロック、ポップミュージックも、毛利嘉孝『ポピュラー音楽と資本主義』（2007、増補版2012）での議論に代表されるような、ポスト・フォーディズムの時代、後期資本主義による商品化のシステムに組みこまれた商品として、60年代までのラディカリズムを喪失した、という見方が一般的だろう。77年に突如として発生し世界中を席巻したパンク・ムーヴメントが、その前の世代のロックミュージシャンたちとその音楽を資本主義の走狗、堕落した商品として軽蔑と攻撃の対象としたことも、その非政治的で商業的な、なまぬるい70年代ロックというイメージを強化した。筆者にとっても、このパンクの衝撃は、まさに70年代をリアルタイムで体験した世代だからこそ、いまだに忘れられないものだ。まさに一夜にして風景が変わる、そんな強度をもつ経験だった。

だが70年代という時代は、ほんとうに非政治的だったのだろうか。70年代のロック、ポップミュージックは、資本主義システムに飲みこまれた商品でしかなかったのだろうか。ここに収録した70年代を中心としたロック、ポップミュージックに関する考察をつづけるなかから、そんな疑問をもつようになった。本書はそんなわたしの個人的な体験と想いが、アメリカ文学者としての研究の軌跡と交差した場所で生まれた、思索の結果である。

そしてその思索からみえてきたのは、70年代ロックも「音楽で闘う」という命題を、それ以前の時代とは異なる方法とベクトルで追求していたということだ。50年代はロックンロールとエルヴィス・プレスリーによって若者の自己主張がはじまり、60年代ロックはかれらの政治的・社会的な意識を拡大していく。それに対し70年代は、そうしたワン・イシューで囲いきれない時代になっていく。そのため50年代の「大人」や60年代の「権力」のような、目に見えやすい敵がなくなり、その反抗や闘いの矛先を見失ってしまう。だがそうした時代にこそ、ほんとうは何が問題なのかを見きわめる態度が必要なのだ。その時代を生きたアーティストたちは、目に見える政治活動や社会運動のようなわかりやすい形では提示されない、時代や政治や権力の本質に目を向けようとした。その「闘い」をわたしなりに理解し記述しようとするなかから、マーヴィン・ゲイにも、70年代以降のボブ・ディランにも、ケンドリック・ラマーのような現代の表現者にも、その真価と現代的意義がみえてきたのである。

本書は二つのパートに分かれている。第Ⅰ部はイギリス、第Ⅱ部はアメリカのアーティストに関する論考がそれぞれ並んでいる。これは最初から国別に分ける意図があったわけではなく、偶然のたまものだ。第Ⅰ部に収めた論考は、ロックというジャンルと思想、哲学、社会学、文学などの、さまざまな分野の知との交錯がテーマになっている。ロックンロールからロックへという音楽史上の重要な変容がビートルズによってもたらされてから、70年代まではブリティッシュ・ロックの時代であったといってよいだろう。というより、当時のロック受容がブリティッシュ・ロック優位であったといいかえてもよい。これは日本のみならず、世界的な現象であったはずだ。そのさまざまな革新をもたらしたブリティッシュ・ロックから、ロックというジャンルについての考察をめぐらせてみた。そのなかでもプログレッシヴ・ロックという、これまでマニアックな分野とみなされていたジャンルに焦点を当てたのは、そのハイブリッド性こそがロックというジャンルの考察にとって重要な鍵になると考えたからである。

またジェフ・ベック、マーク・ボラン、ザ・フーといったアーティストはそれぞれ、エリック・

クラプトン、デヴィッド・ボウイ、ローリング・ストーンズなどの陰に隠れがちな、ロック史においてはつねに二番手以下におかれる存在であった。だがかれらは間違いなく、70年代のスターであった。

これらの第Ⅰ部でとりあげたアーティストやその音楽をつうじてみえてきたもの、それは一言でいえば「構築性」であった。かれらは音楽をつうじて、ありのままの実存を再現するのではなく、自己や世界や表現手段、メディアなどを積極的に構築してきた、そのあり方や方法論の差異がすなわち、それぞれのアーティストの個性である。だがこの70年代のロックを、それ以前と大きく異なるものにしたのがこの「構築」への意識であり、その意識や戦略は共通する。第Ⅰ部では、その「構築性」の諸相をさまざまな角度と対象から炙り出そうとしている。

そしてかれらは、その「構築」された世界や新たな自己を武器に、現代という時代、イギリスの社会や文化や政治、同時代人の偏見や差別的価値観など、さまざまなものと「闘い」つづけた。一見、社会や政治に背を向けたようにみえるプログレですら、その根底にはあったのは、既存の音楽や価値観や時代に抗いつづける姿勢だ。こうした70年代イギリスの「闘い」の軌跡をたどり直したのが、この第Ⅰ部である。

70年代のブリティッシュ・ロックの「闘い」は孤立した現象ではない。そもそもブリティッシュ・ロックの誕生には、アメリカの黒人音楽とその歴史の強い影響があるのは周知のとおりである。イギリスの労働者階級や下層中産階級の若者たちは、ブルーズやR&Bといった音楽をつうじて、その表現を生んだ黒人たちの苦しみや怒りに共感した。いまだ階級制度に縛られたイギリス社会や、第二次世界大戦後の長引く不況。そうした状況の閉塞感のなかで生きる若者たちの欲動（リビドー）

の表象として、60年代のブリティッシュ・ロックが爆発的に開花したのだ。そしてそれはすぐさま〈ブリティッシュ・インヴェイジョン〉としてアメリカを席巻した。

60年代の後半、HR／HMと呼ばれる音楽が登場したのも、大西洋の両側で極限にまで達していた若者たちの鬱屈した怒りが、さらなる強度をもった表現を志向したからだ。コラムでとり上げたブラック・サバスのデビュー作は、まさにその鬱屈した怒りを表現する新たな音楽だった。同時期のアメリカでも、MC5に代表される、激しいサウンドと大音量で若者を忘我させ自己解放へと導く音楽を志向しはじめていた。たとえばグランド・ファンク・レイルロードを単純な商業主義ととらえる向きは、こうした状況や志向性を理解していない。

とくに70年代は音楽のジャンルも多様化し、そのなかでジェフ・ベックのように、他ジャンルとの横断によってハイブリッドな音楽を生み出す試みもさらに進む。また一方で、ポップミュージック全般、あるいは音楽の外においても、ロック的な主題や方法論を採用、あるいは自然に取りこんだ表現も珍しくなくなる。こうしたロックの〈拡散と浸透〉ともいうべき現象が、大西洋の両側で同時進行していた。それが第I部の最後のザ・フーの章で示したかったことだ。

繰り返しになるが、本書は「構築性」をキーワードとして、ロックの〈浸透と拡散〉をえがこうという試みである。そしてそのロックとは、さまざまな形の、それぞれの場所での「闘い」である。ここからは、その「闘い」の場をアメリカに移してみていこう。

つづく第II部は、第I部で思考をめぐらせた音楽の「構築性」という視点を引き継ぎながら、こんどはアメリカの時空間のなかで、どのような具体的、現実的な課題との「闘い」が行なわれてきたかを考える。わたしがアメリカ文学研究者としてこれまで対峙してきたさまざまなテーマ、人種、歴史、政治、思想、そしてもちろん文学を含む文化表現を、ここではロックだけではないさまざまな音楽を通じて、別の方向から照射することになった。

こうした試みとしてはもちろん、佐藤良明『ラバーソウルの弾みかた』や巽孝之『サイバーパンク・アメリカ』、そして大和田俊之『アメリカ音楽史』などの先駆者があり、さらに本書、というよりわたし自身の思考の基盤となっているラリイ・マキャフリイ『アヴァン・ポップ』におけるアプローチに負うところが大きいのは間違いない。だがこうした先行研究や文献でも、70年代という時代とその音楽は高く評価されているとはいいがたい。それは最初に書いたような、60年代という政治の時代から70年代の商業主義の時代へ、という図式がどこか影響していないだろうか。

もちろん60年代という時代が生み出した政治的、文化的な成果を貶めるつもりはない。60年代から70年代へと移行するこの時期をすこし違った角度から眺めれば、その間に断絶や対立ではなく、通底し響きあう主題と、そこからの新たな文化論の可能性がみえてくるのではないか。それがここで解きあかそうとしたことだ。あえて最後にウッドストックとその後についての章を立てたのも、1969年を一つの終わりとしてみるのではなく、そこからブルース・スプリングスティーンを経由して、あらたな「闘い」の形がどう展開されていったのかを示したかったからである。

そしてこの60年代から70年代を地続きの時代としてみるためには、まさにその時代を象徴するロックと、ソウル／R&Bからヒップホップへという黒人音楽こそが最適な題材だと信じる。そこには人種や立場を超えて、アメリカという国家と社会、文化、国民を作りあげるために「闘った」人々の思いや願いが、さまざまな形で反映されている。そうしたなかでもとくに、エンターテイメントであることと、音楽性や思想を何らかの形で両立させようとしてきたアーティストをここでは論じてみた。

そしてさらに、戦後のアメリカと日本の政治的・文化的なかかわりを見直すという意味でも、映画やテレビと並んでもっとも大きな影響力を発揮していたポップミュージック／ロックというジャンルの再考は必須だろう。当時の日本人が憧れたアメリカのイメージの多くが、これらの音楽をつうじて得られた同時代のアメリカの価値観や思想によって作られていた。自由・平等・平和をなによりも尊ぶ精神性、いわゆるリベラリズムは今の日本では訴求力を失いつつあるかもしれない。だがその拠って来たるアメリカの歴史や空間と、それが商品としての音楽とともに広く流通した同時代の日本が、まさに戦後日本の集大成であったのではないかと、今だからこそ思える。もういちど、日本の戦後思想を見なおすためにも、この70年代のロックは重要な鍵を握る題材のはずだ。

本書全体を貫く問題意識としては、最初に書いたような70年代という時代の再評価がもちろん根底にある。だがそれだけでなく、文学や哲学・思想、社会学、歴史学など、領域横断的な思考による文学と音楽の接続も試みたつもりだ。それはやはり70年代から80年代初頭に、いわゆるニュー・アカデミズムの洗礼を受けた世代として、その時代を潜り抜けて得たもの、自分のなかに残ったものをあらためて整理しなおす、あるいは決着をつける、という意味あいがある。

領域横断的な思考というフレーズがいまやアカデミズムの「正義」となりつつあり、ひとつの専門分野に固執することはもはや許されないような雰囲気もある。これに対してはさまざまな意見はあろうが、やはりある学問分野に根差したディシプリンなくして知的な思考は不可能だろう、というのがわたしの立場である。その点からいえば、ここでのわたしはあくまで文学者、それもアメリカ文学研究の薫陶をうけたものとして、そのディシプリンの内部での思考を展開しているつもりだ。

だがそれと同時に、文学研究にはこんなに広い可能性がある、ということも示してみたかった。最近のアメリカ文学研究では、映像研究、映画研究はもはや一分野として定着した感はある。またアフリカン・アメリカン文学の研究者が、教養の一部としてブルーズからヒップホップにいたる黒人音楽に言及することも珍しくない。だが文学研究の一部として、あるいは文学を補強するための材料として映像や音楽を扱うのではなく、文学も音楽も映画もすべて同じ地平でみることもできるのではないか。文学研究の知見や手法を用いて、もっと幅広い世界がみわたせるようになるのではないか。わたしがニュー・アカデミズムやポストモダニズム、アヴァン・ポップなどをつうじて学んだのは、そうした視座だった。そこが、わたしが研究者としての「闘い」を繰りひろげてきた場だったのかもしれない。

60年代から70年代のロックを中心に、それもいわゆるメジャーどころを微妙に外したアーティストやグループについて論じる文章がほとんどだ。どういう方たちに手に取っていただけるのか、正直いって心許ない。だが具体的な対象の分析の先に、狭い専門領域にとらわれない広い風景が広がる可能性を、できれば若い方たちに感じとってもらいたい。そんな思いをこめて編んでみた本書を、さまざまな方にご笑覧いただければ幸いである。

第Ⅰ部　70年代ロックの闘い――思想・文化・政治

60年代の政治の季節とロック／ポップミュージックは切り離せない。この時代の音楽は、若者やマイノリティの表現手段として、コミュニケーションのツールとして、重要な役割を担ったのだ。そして、それと比べて「70年代はロックが政治と乖離し、商業主義に堕した」というストーリーがつづくのが、これまでのロック史のクリシェだった。

そもそもロックにおける政治とは何だったのか。たしかに、反戦や学生運動のような目にみえる形での「わかりやすい」政治の時代は、ウッドストックとともに終わりを告げた。だが70年代にはあらたな政治のあり方、政治とのかかわり方が生まれていたはずだ。たとえば一般的に「非政治的」とみなされているポストモダニズムにも独自の政治性が刻印されていることは、リンダ・ハッチオンやフレドリック・ジェイムスンらがそれぞれの視点や切り口で論じている。それと同様に、70年代以降のロック／ポップミュージックにも、60年代とは異なる「政治」との闘い方があったのではないか。その70年代ロックの「闘い方」を改めて見直し再評価するための論考が、この第Ⅰ部を構成している

まず70年代ロックのなかでも特筆すべき現象は、プログレッシヴ・ロックの流行だ。60年代に発生したアート・ロックは、キング・クリムゾンの『クリムゾン・キングの宮殿』(69)をきっかけにプログレッシヴ・ロックに生まれ変わった、といわれる。そのプログレについては、巽孝之『プログレッシヴ・ロックの哲学』という重要な先行文献がある。巽はそこで、過去のさまざまな音楽ジャンルを縦横無尽にとりこんだ「キメラの音楽」とプログレを定義し、その思想と美学を論じている。その射程の長さと考察の深さは、余人の及ぶところではないだろう。

そのうえで、ではわたしはプログレをどう語るべきか。その問いかけからたどりついた答えは、

もう一度プログレを70年代の文脈に戻すことであった。それはもちろん、その時代のなかにプログレをふたたび封じこめるためではない。なぜこの時代が、前衛性とエンターテイメントをギリギリのところで両立させようとした斬新な音楽的試みを生みだすことができたのか。このプログレを生んだ時間と空間を、西欧の文化史的・思想史的文脈から解き明かしたかったからだ。

そこからみえてきたものは意外にも、ポストモダニズムの歴史性であった。巽が「キメラ」と表現したそのあり方を、わたしはブライアン・マクヘイルのポストモダニズム論にならって「構築性」と読みかえてみた。これまでモダニズムとポストモダニズムの関係を語るさいに避けられなかった時代錯誤や齟齬を何とか解消できないか。そうした問題意識から試みたのが、ここで展開されている西洋音楽史や思想史の再構築であり、もうひとつはSFや文学などとのジャンルを超えた接続である。

キング・クリムゾンやイエスの音楽は、現実とは異なる世界の構築を希求する精神の具象であり、それはまさにポストモダニズムと呼応する芸術的営為であった。ジェネシスの文学性もフィクションをつうじて現実を再文脈化するという、一般的な芸術観を転倒させる試みである。そしてEL&Pはポストモダン的崇高を体現したロックバンドであった。この過剰なほどの知性主義は、じつはプログレの専売特許というわけではなく、同時代のハードロック／ヘヴィーメタル（HR／HM）の背景にもある。

プログレは70年代という時代を改めて評価するうえで不可欠な音楽的現象であった。それはポピュラー音楽史のみならず西洋音楽史／思想史のなかの特異点であり、いまだ乗り越えられない到達点でもある。そうした唯一無二の存在感をもつジャンルが何をめざし、何と闘ったのか、それをわたしなりに読み解いてみる。

そしてジェフ・ベックやマーク・ボラン／Tレックスのような、一見「政治」からは一番遠いところにいるミュージシャンたちを、70年代を中心とするイギリスの社会や文化、あるいは西欧全体の政治史、文化史のなかで再文脈化を試みる。そうすることで、そこに階級やジェンダー、セクシュアリティの問題がいかに深く根差しているか、そしてかれらがその問題といかに格闘したか、よりはっきりとみえてくるはずだ。

そして最後に、ザ・フーの『四重人格』というロック・オペラを同時代のメタフィクションと並置し接続することで、70年代ロックの戦略を改めて問いなおす。そこから、メタフィクションという文学の自己言及自体が政治性を帯びた運動であったことも、より深く理解できるだろう。

70年代以降のロックにおける政治はどのように変質していったのか。そしてそのなかで、ロックという音楽の本質にある「闘い」をどう継承していったのか。カルチュラル・スタディーズや現代思想、さらには文学批評などを手掛かりに、70年代とロックの思想と文化と政治のあり方を再評価したい。

第1章

ポストモダン・クリムゾン
――アイデンティティ構築、ロック、ＳＦ――

『キング・クリムゾンの宮殿』
ジャケット

キング・クリムゾン／King Crimson

1968 年にロンドンで結成。69 年に『クリムゾン・キングの宮殿』でデビュー。前衛性と抒情性を兼ねそなえた斬新なサウンドで、プログレッシヴ・ロックの先陣を切る。
デビュー直後から、オリジナルメンバーのグレッグ・レイクらが次々と脱退し、その後も頻繁にメンバーチェンジを繰り返しながら、『太陽と戦慄』（73）や『レッド』（74）などの傑作を発表。74 年にいったん解散するものの、81 年に再結成。ニューウェーブ風のサウンドを取り入れファンを驚かせたが、他の追随を許さないオリジナリティと抜群のテクニックは健在であった。

再々結成した 90 年代以降もダブルトリオ、トリプルドラム、ダブルカルテットなど、ロックの常識を覆す編成などでつねに新たなサウンドを志向し、デビューから 50 年以上を経た今も現役で活動をつづけている。

◉エンターテイメントとしてのプログレ

サイモン・フリスはその歴史的名著『サウンドの力』を、「ロックは資本主義の音楽だ」と挑発的に締めくくる。「(ロックは）資本主義の生産関係から生まれ、余暇活動としてその関係を再生産することに貢献する。音楽は体制に挑戦しないが、それを反映しまた光をあてる。(中略）ロックは大衆文化だ。フォークでもアートでもなく、商品化された夢なのだ」(フリス 318)。

フリスは、ロックをあくまで商業ビジネスの枠内で評価しようとしている。このフリスの立場に対しては、「商業生産の外部」につくられるポピュラー音楽の場の可能性をあらかじめ排除してしまっている（キース・ニーガス）と批判する向きもある。また「ロックほど芸術と商売のあいだの葛藤が少ないマスメディアは、他にはない」(ニーガス 84 に引用）というフリスのテーゼも、ややユートピア的すぎる。だがロックという音楽がビジネスとしても表現としても拡大発展を遂げた60年代から70年代は、美学的追求がそのままビジネスとして成立するという、稀有な時代であったことも間違いないのだ。そしてそのもっともラディカルな例が、キング・クリムゾンをはじめとするプログレッシヴ・ロックだった。

南田勝也は『ロックミュージックの社会学』で、ロックを評価する軸として「アウトサイド指標」「アート指標」「エンターテイメント指標」の三つを提示し、これらの指標を基に形成される「ロック場」という空間に基づいてロックが評価されると論じている。南田はこれらの指標をそれぞれ異なるベクトルとしてとらえるが、アート指標とエンターテイメント指標が補完し合う状況もありうる。というより、実際にあったのだ。音楽自体にエンターテイメント性が内在しているのではなく、難解で前衛的な音楽でも「エンターテイメント」として消費するコンテクストが存在しており、そ

『レッド』ジャケット

れがプログレの存立基盤を成している。

デビューアルバムの『クリムゾン・キングの宮殿』（*In the Court of the Crimson King*, 1969）はイギリスのアルバムチャート5位、二枚目の『ポセイドンのめざめ』（*In the Wake of Poseidon*, 1970）は4位を獲得した。その後のアルバムも本国では、『レッド』（*Red*, 1974）以前は、すべてチャートの30位以内にランクインしている。さすがにゴールドディスクやプラチナディスクは『宮殿』のみで、アメリカではトップ10に入るヒットアルバムはなかった。だが、１９７４年の解散はビジネス的な理由というより、音楽的な意見の相違、あるいはバンド・マネジメントの崩壊に直接的な原因があったわけで、同時代のロックビジネスのなかでは、成功者に属していたといってもよい。「芸術と商売のあいだ」で葛藤するどころか、芸術性を担保することこそが人気の理由だったのだ。

◉レコーディングアーティストとしてのクリムゾン

> 彼の作り出す音が簡単に変質してしまうことによって狼狽したかのように、それらを絶えず固定しようとして、徐々により高い正確さをもって、憑かれたように改訂し、改良し、書き直し、彼の音をより永続性のある終着点にまで彫塑しようとするような者もいる。（ナイマン 25）

このマイケル・ナイマンによるフランスの作曲家・指揮者ピエール・ブーレーズ評は、そのままキング・クリムゾンについてのコメントとしても読めてしまう。クリムゾンというタレント集団のめざすところは、その音楽を「永続性のある終着点にまで彫塑する」こと、かれらのもてるすべてを音として刻印した究極の作品を完成させることだったといえないか。レコード／ＣＤというパッケージで、「堅牢に構築された構造」（大鷹俊一）としての作品を生み出しつづけるキング・クリムゾンというユニットには、強固な「構築」への意志がある。

クリムゾン作品は、曲もアルバムもきわめて構築的だ。ナイマンは、音楽の生成プロセスそのものに焦点を置き、「瞬間の唯一性」（ナイマン 24）を称揚するのが「実験音楽」、「その素材や関係があらかじめ計算され、整えられているような、固定された時間のオブジェ」（ナイマン 14）を作り上げ、「永続の唯一性」（ナイマン 24）を現出させようとするのが「前衛音楽」と分類した。ジョン・ケージや「フルクサス」のアーティストたちが「実験音楽」の代表だとすると、スティーヴ・ライヒやテリー・ライリーらのミニマリズムには「前衛」の要素が強い。このナイマンの分類に従えば、クリムゾンのロックは後者の「前衛音楽」であろう。生成過程そのものの記述というよりも、その結果として現出する構築物を志向している。

もちろん、精緻なアンサンブルと並んで、奔放なインプロヴィゼーションもクリムゾンの重要な魅力である。『アースバウンド』（*Earthbound*, 1972）、『ＵＳＡ』（*USA*, 1975）、『ザ・グレイト・ディシーヴァー――ライヴ１９７３～１９７４』（*The Great Deceiver*, 1992）などのライヴ・アルバムでは、その圧倒的な演奏力や緻密な構成力を堪能できる。まさに超一級品のライヴバンドであり、音楽が立ち上がる「現場」の魅力にも満ち溢れている。さらに「ザ・コレクターズ・シリーズ」など、近年次々と発掘されるライヴ音源が怒涛のようにリリースされており、ライヴアーティストとしての再評価は今後さらに進むだろう。

だが、それでもやはり、クリムゾンは第一義的にレコーディングアーティストだ。『宮殿』、『太陽と戦慄』(*Larks' Tongues in Aspic*, 1973)、『レッド』などのスタジオ録音こそがかれらの真骨頂であることに異を唱える人はおそらくいまい。

まずライヴを行ない、メンバー間の意思と方向性を統一した後にスタジオ録音を開始するのがクリムゾンの活動スタイルだ。思えば74年の活動停止も、ツアー終了後ではなく『レッド』発表と同時だった。さらに『レッド40thアニバーサリーボックス The Road to Red』(2013)という二十四枚組のCDボックスでは、『レッド』製作前に行なわれたライヴツアーの模様が二十枚のCDに収められている。

つまりここにあるのは、ライヴを通じて練られた演奏やアイデアが『レッド』というスタジオ録音に結実したという物語だ。スタジオ録音がつねにかれらの終着点なのである。

◉構築への意志

ロックが、レコードというメディアと切っても切り離せないジャンルであることは言を俟たない。大和田俊之は、ロックミュージックを「録音芸術」であると位置づける。60年代以降のスタジオでのレコーディング技術や機材の進化を受けて、アーティスト側の意識やアプローチも変化してきた。つまり「ロックにとって一義的な媒体が楽曲でもなくパフォーマンスでもなく『レコーディング』

であるということだ」（大和田：2011, 179）。ダンスミュージックとしてのブルーズやR&B、即興演奏をその最大の魅力とするジャズとはこの点が大きく異なる。

　だが、ことクリムゾンに関しては、ロックというジャンル全体とはまた異なる意味で、録音による構築志向が強い。たとえばつとに指摘されてきたように、『宮殿』と『ポセイドン』は双子的なアルバムだ。アナログ盤のA面は曲も展開も瓜二つ。印象的なギターリフを中心に緻密なアンサンブルと攻撃的な即興演奏が展開される「21世紀のスキッツォイド・マン（精神異常者）」と「冷たい街の情景」。繊細さと静謐さを湛えた「風に語りて」と「ケイデンスとカスケイド」。ロマンティシズムに満ちて劇的な「墓碑銘」と「ポセイドンのめざめ」。そもそも原題も *In the Court of Crimson King* と *In the Wake of Poseidon* と、構文まで一致している。そしていずれも、統一された作品としてのアルバムの完成度には脱帽するしかない。

　一方、三枚目のアルバム『リザード』（*Lizard*, 1970）はジャズ・ロック風、次の『アイランズ』（*Islands*, 1971）はストリングスを中心に据えた抒情的な美の世界と、意図的に『宮殿』的構成から遠ざかろうとしていたようだ。いずれもアルバムとしての統一感には過不足はないが、方向性は定まっていない。

　次のライヴ盤『アースバウンド』での、骨太で暴力的なほどの「黒い」インプロヴィゼーションが、逆説的にその後の「構築」へとひた走る道筋を示したのではないか。こ

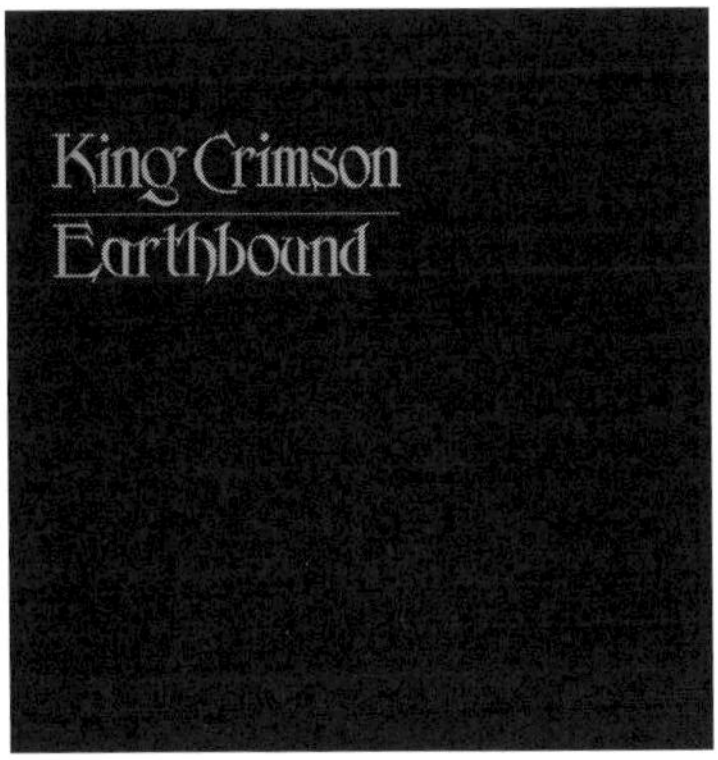

『アースバウンド』ジャケット

のアルバムの「21世紀のスキッツォイド・マン」には、緻密さを犠牲にしてでも「ロック」として魅力を提示しようという（フリップ以外のメンバーの）思いが顕在化している。あるいはつづく「ピオリア」での、エモーション暴発気味のボズのベース、ダーティなトーンでブルージーなスケールを吹きまくるメル・コリンズのサックス、そこにイアン・ウォーレスの野太いドラムが加わり展開されるインプロヴィゼーション。クリームを彷彿とさせる名演だが、ロバート・フリップと他のメンバーの距離感も甚だしい。

「フィーリングが明確に強く出ていればいるほど良いとされた」時代だった（フリス 195）。『アースバウンド』も発表当時は高く評価されていた記憶がある。だがそれとは対照的な、理性によって統御された緻密で構築的なサウンドこそが、その後のクリムゾンの神髄となっていくのだ。『太陽と戦慄』から『レッド』までの三部作では、かれらは「堅牢に構築された構造」を突き詰めていった。再結成後の『ディシプリン』（*Discipline*, 1981）、『ビート』（*Beat*, 1982）『スリー・オブ・ア・パーフェクト・ペアー』（*Three of a Perfect Pair*, 1984）が当初から「三部作」として構想されたのも、バンドの活動やあり方を統御するフリップの強固な意志の表れだろう。

この徹底した「構築」への意志をみごとに具現化しているのが「レッド」だ。『レコード・コレクターズ』で小山哲人がこの楽曲構造を明快に解き明かしているが、イントロとメイン、中間部のほぼ三つのテーマのみで構成された「シンメトリカルな展開」で、「重厚で堅牢なアンサンブル」（小山 57）を聴かせる。

そしてこの曲は「禁欲的」ですらある。シンメトリーということは、言い換えると音楽が最初に戻り、どこへも行きつかないということだ。「太陽と戦慄パートⅡ」のひたすら同じ音程で刻まれるギターリフと、その後に現れるただひたすら上昇をつづけるフレーズも同様。「偉大なる詐欺師」や「再び赤い悪夢」はスタイリッシュでエッジの効いたギターやベースのフレーズをほとんどパーツのように組み合わせるだけだ。「カッコよさ」や「キモチよさ」に淫することを自ら禁じているかのようである。

ロックという音楽が「悦楽に自己が溶解する」「本質的にエロティック」な体験を通じて、「自己の放棄」（フリス 199）を実現する表現形式だとしたら、キング・クリムゾンはそこからどんどん遠ざかっていったのだ。自己陶酔を禁じ「構築」「理性」「禁欲」を表象するロック。その音楽はいったいどこへとむかうのか。

◉ポストモダン・アイデンティティ

1970年代のプログレをめぐる状況については、ウィル・ストローの「ロックミュージック文化を評価する――ヘヴィーメタルの場合」（1983、未訳）が参考になる。1960年代末、サイケデリック・サウンドの終焉とともに、ロックは三つの方向に分岐していく。アメリカでのルーツ音楽や伝統的なスタイルへの回帰（バーズやグレートフル・デッドの変化）。交響楽的な音楽スタイルとの折衷をはかったイギリスのプログレッシヴ・ロック。そして英米に共通して起こるヘヴィーメタル（ハードロック）である。ストローのおもな関心はハードロック／ヘヴィーメタル（HR／HM）をめぐる時代的、社会的なコンテクストにあるのだが、そのなかで展開されるプログレッシヴ・ロックとの比較が興味深い。

当時、英米のプログレファンは一種の「オタク（nerd）」共同体を形成していた。ヨーロッパの電子音楽やアメリカのミニマリズムにも深い関心を寄せ、同時にSFファンの比率も高い。当時アメリカのプログレファンは、イギリスや大陸のプログレを輸入盤で購入していた（イギリスの音楽雑誌や同人誌も同じショップで扱われていた）。プログレファンとは一種のサブカルチャー集団でもあったのだ（余談だが、これらの輸入盤ショップは80年代には、ニューウェーヴのレコードも数多く取り扱うようになる。つまりプログレとニューウェーヴがオーバーラップしていくのである。80年代の再結成に際して、エイドリアン・ブリューというニューウェーヴ系ギタリスト／ボーカリストを加入させた理由は、その辺りにもありそうだ）。

1970年代後半には、ボストン、カンザス、スティックス、ジャーニーなどのいわゆる「プログレッシヴ・ハードロック」バンドの成功により、プログレは産業ロックに吸収されていき、サブカルチャー的な嗜好や振る舞いは希薄になっていく。だがこのサブカルチャー的な出自にこそ、ポストモダン時代におけるアイデンティティの政治に関わる問題が潜んでいるのだ。

ブライアン・マクヘイルはポストモダニズムを、構築への指向を孕んだ「存在論的詩学」と定義した。現実とは異なるヴィジョンや現実を構築し、「その世界の実在化のプロセスを可視化し問題化する戦略」（マクヘイル 66）としてポストモダニズムをとらえるのだ。それ以前の「シミュレーション」（ボードリヤール）や「脱中心化」（ジェイムスン）の戦略、あるいは「大きな物語の終焉」（リオタール）という定義とは対照的である。この「構築への意志」をもとにマクヘイルは、架空の世界や未来像を通じて現実を逆照射しようとするSFをポストモダニズムのモデルとする新たな理論を発展させた。

SFとプログレの近親性については、巽孝之も『プログレッシヴ・ロックの哲学』（2002）で指摘している。この両者は「ともに現代におけるハイテクノロジーの怪物的な帰結」を前提にし、「ロマンティシズムとモダニズムの逆説的関係」（巽 27）を内包するジャンルである。そしてこの新たな自己への希求（ロマンティシズム）と「理性による構築」（モダニズム）の融合の果てに、ポストモダン的な「構築された」自己が実現するのだ。

サイモン・フリスはロックを「余暇の音楽」としたが、その余暇とは「決して自由時間ではなく、資本主義的生産関係によって決定された労働外の組織化である」（フリス 294）。ならば、ロックはこの「資本の論理」によって構築される現代人のアイデンティティの表象となるだろう。だが、このフリスの提示する「余暇の組織化」は、フレドリック・ジェイムスンが「ポストモダニズム、または後期資本主義の文化的ロジック」（92年）で指摘した後期資本主義システムによる搾取にあまりに似すぎている。つまり、資本主義システムの提供する快楽を消費することで実現される「アイデンティティ」、という幻想だ。

三浦玲一もジェイムスンに倣い、ポストモダニズムの時代を「（富の）再分配を目標とする政治から（アイデンティティの）承認を求める政治への移行」（三浦 40）と位置づけた。この「アイデンティティ承認の政治」の内部では、「アイデンティティの実現」がたやすく「やりがい搾取」へと転化する。三浦の危機感は、このフリス的なロックのもたらすアイデンティティ主義への疑問と同期していた。

◉構築するメタル・クリムゾン

近年のクリムゾンは「ヌオヴォ・メタル」を標榜している。いや、『太陽と戦慄』が「メタル・

クリムゾン」の出発点だったという話もある。そもそもロバート・フリップは「自分たちはごく初期からメタルだった」とまでいっているし、たしかにHR／HMとクリムゾンにはある本質が通底する。それが「強固な構築への意志」と、構築的なアイデンティティの希求だ。

この点について、ロバート・ウォルサーの『悪魔のハイウェイ——ヘヴィー・メタルにおける権力・ジェンダー・狂気』（1993、未訳）は、音楽ジャンルとアイデンティティの問題について重要な示唆を与えてくれる。一般的にロックは聴き手のアイデンティティを反映ないしは代弁するジャンルとしてとらえられているが、じつは音楽体験をつうじて新たなアイデンティティの獲得や構築をめざすのがHR／HMというジャンルなのだ。HR／HMのアーティスト、とくにギタリストたちは、クラシックの音楽要素を積極的に取り入れ、その過程で「複雑さ」「名人芸」「真正さ」「個人主義」などの芸術音楽のイデオロギーも内面化する。そこには観客を楽しませるエンターテイメントではなく、「苦行の果て」に達成される「社会からの自立」「自律性」の希求がある。

たとえば、HR／HMにおけるミソジニー（女性憎悪）は去勢不安の表徴である。ほぼ男性で占められるHR／HMのファンもミュージシャンも、社会的、身体的、経済的な無力さに苦悩し、その克服の手段として音楽に耽溺する。Virtuosity（名人芸）の希求は、楽器をコントロール＝支配することによる「無力さの克服」である。以上がウォルサーの分析である。

快楽／感情／情緒を排除し理性による支配を目指すHR／HMというイメージは、ここまで論じてきたクリムゾンと重なり合うが、もちろん違いも大きい。それは「型」へのアプローチの相違だ。ウォルサーに従えば、フリス的なロックがもつ快楽への惑溺は、コントロールの喪失に直結する危険な行為だ。だからこそ、メタルは禁欲的なほどに身体も感情も型や枠に嵌めることを求める。それに対しクリムゾンは既成の型や枠には依拠しない。かれらのインプロヴィゼーションとはこの「型」を探りながら合意によって形成しようとする試みだ。安易な自己陶酔ではなく、「理性」と「禁欲」で即興を統御し、そこから「新たな自己」を実現する手段なのである。

そして、この新たなアイデンティティのあり方こそが、クリムゾンのポストモダニティなのだ。クリムゾン以前のインプロヴィゼーションは自己の解放、内なる自己の表出というイデオロギーと不可分であった。そこでは表現されるべき内面、自己が前もって存在する必要がある。つまり「ありのまま」の自分という近代的自我が前提である。だがクリムゾンのロックをつうじて実現される「自己」は可塑的で、音楽をつうじてつねに更新されつづけるのだ。

キング・クリムゾンは、この構築主義的なアイデンティティを音楽として表現している。ＳＦにおける構築的自己（フィリップ・Ｋ・ディックやジョン・ヴァーリィが好例だろう）と並置しながら、資本主義システムの安易なアイデンティティ主義を脱臼させる脱構築戦略として、クリムゾンのロックを再評価すべきときだろう。少なくとも「スキゾイド」を高らかに歌い上げたクリムゾンに、聴く者が「ありのまま」の自分を仮託する余地はなさそうだ。

第2章

ハイパーリアル・イエス

——起源なき反復の体現者——

『こわれもの』
ジャケット

イエス／Yes

1968年にロンドンで結成。69年にデビュー。三枚目のアルバム『イエス・サード・アルバム』（71）でスティーヴ・ハウ（g.）が加入し、それまでのアート・ロック風のサウンドから変拍子などを多用したプログレッシヴ・ロックへと移行する。
キーボードにリック・ウェイクマンを迎えた『こわれもの』（71）『危機』（72）で音楽的にもセールス的にも大成功を収めるが、その直後にビル・ブラフォード（dr.）が脱退（キング・クリムゾンに移籍のため）。その後メンバーチェンジ等でバンドが混乱し人気も低迷するが、トレヴァー・ラヴィン（g.）を中心に制作された『ロンリー・ハート』（83）がグループ最大のヒットとなり、85年にはグラミー賞も受賞した。

その後も分裂や再結成や統合などを繰り返し、2015年にクリス・スクワイア（b.）が死去してからはオリジナルメンバーが一人も在籍していないが、2017年にロックの殿堂入りを果たすなど、人気・評価ともに衰えていない。

◉プログレの体現者としてのイエス

エドワード・メイカンの『クラシックをロックする――英国のプログレッシヴ・ロックと対抗文化』（97年、未訳）によれば、プログレッシヴ・ロックは最初から明確な思想性をそなえた音楽だった。60年代後半のサイケデリック・ブームのなかから現れたジェスロ・タル、キング・クリムゾン、イエス、ジェネシス、EL&P、カーヴド・エアーなど、芸術的・哲学的志向性の強いアーティストやグループが独自のジャンルを形成する。そして70年頃を境に、それ以前はサイケデリック・サウンド全般の呼称として用いられていた〝プログレッシヴ・ロック〟が、西洋芸術音楽（クラシック）と親和性が強い独特の様式と主題を備えたサブジャンルを示す用語として使われるようになった（Macan 26）。

同時にメイカンは、プログレの多様性ととらえがたさも指摘している。前衛的なキング・クリムゾンと「音楽」的なイエスでは、調性の扱いひとつとっても雲泥の差だ。ピンク・フロイドの浮遊感溢れるサイケデリックなサウンドとEL&Pのアグレッシヴでハードなアンサンブルを同様に好むリスナーはどの程度いるのだろうか。ここに大陸勢のフォーカスやPFMを放り込めば百花繚乱か、あるいは百家争鳴か。ひとつ間違えば呉越同舟とも同床異夢ともなる。

そのなかでイエスがおそらく「プログレ」の一般的イメージにもっとも近い。メイカンが列挙する〝プログレっぽさ〟の記号は、ほぼすべてイエスの特徴でもある。曰く「大仰なショー」「SFや神話、ファンタジーに想を得た叙事詩的主題への傾倒」「クラシック音楽の空間感覚と不朽への意志をロックの荒々しい力とエネルギーに結合させようという企図」「眩惑するような名人芸」(Macan 3)。プログレという「放縦で唯物的」で「エリート主義的」な音楽ジャンルをひとつのバンドで代表させるとしたら、それはイエス以外にはない（クリムゾンでは独自すぎるだろう）。だとすると、イエスをプログレッシヴ・ロックの枠内で語ることは、イエスが作り出したプログレのイメージを基にイエスを語るという同語反復（トートロジー）に陥りかねない。だがじつは、イエス自身がまさに自己言及しつづけるバンドなのだ、本章はこの〝自己言及〟が、いかにイエスの本質に関わる問題かを考察する試みである。

◉自己言及するイエス（たち）

筆者が洋楽を聴きはじめた1970年代後半には、イエスのいわゆる「黄金時代」は、すでに過ぎ去っていた。NWからMTVへと移ろう〝洗練〟の時代に、プログレは過去のものとなりつつあった。それはイエスの場合、それまでのロジャー・ディーンのイラストから、『究極』（*Going for the One*, 1977）や『トーマト』（*Tormato*, 1978）などのヒプノシス・ジャケットへの移行に象徴されるだろう。

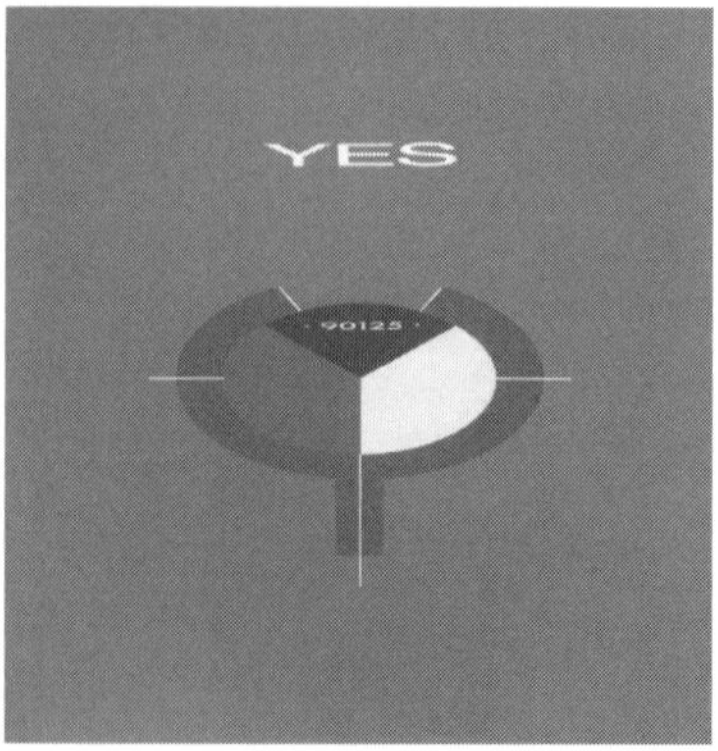

『90125』ジャケット

そんななかでの『90125』（*90125*, 1983）の発表と「ロンリー・ハート」の大ヒットには本当にたまげた。ニューウェーブ風の都会的なアルバムジャケット。過去の「錯乱の扉」や「神の掲示」や「天国への架け橋」といった気宇壮大さと比べて、「シネマ」や「チェンジ」や「ハーツ」などとシンプルすぎてやる気が疑われそうなタイトル。そして何より、「アワ・ソング」を筆頭とする、ラヴァーボーイと紛うばかりのポップセンス溢れるハードロック・チューンの数々。それでいて変拍子や転調、重厚なコーラスワークなど、イエスらしさは随所に散りばめられている。〈プログレ原理主義者〉ビル・マーティンの過剰なレトリックが迸《ほとばし》るというより先走る怪著『イエスの音楽』（1996、未訳）すら、この新生イエスが魅力的なことを（渋々ながら）認めざるを得ない完成度の高さだった。

サウンド的には、トレヴァー・ラビンのギター・ワークがもっとも顕著な変化をもたらしていた。スティーヴ・ハウの多彩な単音フレーズを次々と繰り出す華麗なスタイルに対して、ラビンはパワーコード中心のリフとエネルギッシュなソロの対比が明瞭な、典型的なハードロック・ギターを得意とする。それに加えて、クリス・スクワイアのトレブリーでエッジの利いたベースサウンドも丸みを帯びたミキシングを施され、ボリュームも抑え気味にされていた。したがって、さらにラビンのギターとシンセが耳に残る仕掛けなのだ（マーティンによると、シンセ・パートのかなりの部分はラビンの演奏らしい）。前作『ドラマ』の冒頭の、いつオジー・オズボーンが歌い出してもおかしくないほど陰鬱でヘビィなギターで始まる「マシーン・メシア」と比べても、はるかに同時代的だった。

こうしたサウンドは今でこそハード・ポップと呼ばれるが、かつては〈プログレッシヴ・ハードロック〉という呼称も存在した。70年代後半から80年代にかけて、日本でボストンやカンザス、スティクス、ジャーニー、TOTOなどをこう呼んでいたのを記憶している人もいるだろう。電子楽器やエフェクトの多用、転調や変拍子、10分を超える重厚長大な楽曲やコンセプト志向のアルバム構成などのプログレ要素に、ハードロック・スタイルのギターや8ビート基本のドラム、それにキャッチーなメロディをもつ楽曲の組み合わせで、これらのグループは一世を風靡する成功を収めた（最近のロック史では「商業ロック」あるいは「スタジアム・ロック」とラベリングされることが多いのは、この商業的な成功に重きを置いた見方だ）。

プログレ・ハード／パワー・ポップなるジャンルは、身も蓋もない言い方をすれば、70年代プログレの知的なイメージを利用してポップ・ロックサウンドに「芸術性」という付加価値を付けようとした商業的戦略だった。だが重要なのは、ここでもキング・クリムゾンやピンク・フロイドよりも、やはりイエスこそが「プログレ」のイメージにもっとも近いアーティストとして参照されていた、ということだ。イエス・サウンドにはメロディアスな要素が強いことも、パワー・ポップが利用しやすい理由でもあったかもしれない（クリムゾンではまず無理だ）。

そしてさらにイエス自身が、そのパブリックイメージのリサイクルに加担することで、イエスの自己言及サイクルが顕在化する。ラビンのイエス（いわゆる90125イエス）はその後も『ビッグ・ジェネレイター』（*Big Generator*, 1987）、『トーク』（*Talk*, 1994）とパワー・ポップ路線を邁進する。『トーク』の最後に収められた「エンドレス・ドリーム」は16分を超える大作で、「危機」の続編という謳い文句であるが、クラシックのソナタ形式に想を得た「危機」とは本質的に異なり、ポップソングのフォーマットに則った、ただひたすら長い曲だ。その一方で黄金期メンバーが再結集したABWHは旧来のイエスサウンドを継承しながら、90125イエスともアルバムを共作するという、混沌とした状況が到来する。もはやどれが〝本物〟なのか、〝正統〟なイエスはどちらか、といった問いは無意味だ。ABWHも、『キーズ・トゥ・アセンション』（*Keys to Ascension*, 1996）以降の再結成イエスも、「イエス」のサウンドやイメージの再生産でしかない。

巽孝之は「イエスのイエスたるゆえん」は「成長しない」ことだと指摘したが（巽 82）、いずれのバンドもオリジナルたる資格をもたないシミュラークルなのである。「起源も現実性もない実在のモデルで形作られたもの」とボードリヤールが定義した、「決して実在と交換せず、自己と交換するしかない、しかも、どこにも照合するものも、周辺もないエンドレス回路の中で」機能するハイパーリアルなもの。あるいは「パロディ」と化した自己言及。

ではこの自己言及性は、イエスのあり方をどう規定しているのだろうか。

◉イエスとラッシュ／個と全体の関係性

まずはそのシミュラークル・イエス理解のために、ラッシュ（Rush）という一本の補助線を引いてみよう。このカナダ出身のロックトリオは四十年以上のキャリアを誇り、24枚のゴールド・レコードと14枚のプラチナ・レコードという、ビートルズ、ローリング・ストーンズにつづく史上三位の偉業を達成した。2013年にはロックの殿堂入りも果たしている。

1974年にデビューした当初はレッド・ツェッペリンの影響を強く受けたハードロック・トリオであったが、ゲディ・リー（b., vo.）とアレックス・ライフソン（g.）はもともとイエスやジェネシスに傾倒しておりプログレ志向が強いミュージシャンでもあった。そのためデビュー直後のメンバーチェンジでニール・ピアート（パート）をドラムスに迎えてからは、プログレッシヴ・ロックとハードロックを融合した新たなサウンドを追求し、『西暦2112年』（2112, 1976）で音楽的にも商業的にも成功を収める。とくにA面を占めるタイトル曲は、アイン・ランドの『アンセム』（1938）という小説を基にしたSF的物語と組曲形式を融合した長大な構成で話題となった。

ラッシュはプログレ・ハードロックの代表格であると同時に、同種のグループのなかでも突出してイエスとの類似が顕著だ。まずは抽象的でコンセプチュアルな内容の歌詞世界。詩的なイメージを紡ぎだすイエスに対し、より直裁的でメッセージ性の強いラッシュという差はあるにせよ、いずれも歌詞が重要な要素であることは疑いがない。

次に強固かつ変幻自在なアンサンブル。超絶的な技巧を備えたプレイヤーを揃え、一糸乱れぬ演奏を繰り広げる。この超人的アンサンブルがスタジオ録音のみならず、あるいはそれ以上にライヴにおける魅力となっている（筆者の体験した84年のラッシュ武道館公演は圧巻だった）。

またいずれも〈完全再現ライヴ〉をひとつの売りものとしている。ラッシュは『西暦２１１２年』や『ムービング・ピクチャーズ』（*Moving Pictures*, 1981）、イエスは『サード・アルバム』（*The Yes Album*, 1971）『こわれもの』（*Fragile*, 1971）『危機』（*Close to the Edge*, 1972）『究極』などのアルバムを完全に再現したライヴを、他のアーティストに先駆けて、かなり早い時期からリリースしている。さらに『イエスソングス』（*Yessongs*, 1973）やラッシュの数多いライヴ盤では、どの曲もスタジオ録音に忠実な演奏がされている（ラッシュの場合、ギターソロもほぼスタジオ録音どおりである）。緻密に構築されたレコード／ＣＤの反復であるライヴに魅力を感じるのが、イエスやラッシュのファンなのだ。

もちろん、違いも少なくはない。特筆すべきはバンドとメンバーの関係性だ。ラッシュはアマチュア時代も含め、これまでメンバー交代は前記のただ一度きりである。１９９７年にニール・ピアートが家族を相次いで失い、そのショックから音楽活動を数年間停止した時期にも、メンバー交代は一切考えなかったという。２０１６年頃からニールの体調が悪化（残念ながら２０２０年に脳腫瘍のため逝去）してからは、正式な解散宣言等は発せられていないものの、活動は完全に停止したままであった。メンバーとバンドの一体性がきわめて強固なのが、ラッシュのグループとしてのあり方だ。

それに対し、イエスは頻繁なメンバー交代と集合離散を繰り返してきた。松井巧曰く、個人の主張よりもバンド・スタイルの完成度が優先され、そのためにはメンバーの交代も辞さないジョン・アンダーソンは、自分で自分をイエスから追い出したほどだ（脱退した、とも言う）。

そのアンダーソンはかつて「イエス再結成は〝イエス〟の名前をもう一度復活させるためだった」と発言し、リック・ウェイクマンに至っては「イエスとは、そのときに〝イエスの音楽〟を演奏する光栄に浴したメンバーで構成されるバンドだ」とまで言い切っている（Martin xi）。個々のメンバーのもつ資質や音楽性が融合した結果としてイエスがあるのではない。イエスというグループとそのめざすべきサウンドがまずあり、そのために必要に応じてメンバーが集められるのだ。だが、ロバート・フリップのような絶対的中心が存在しないイエスで、この理想の〝イエスの音楽〟はどのように見出されるのか。イエスがシミュラークルたるゆえんはここにある。

イエスのサウンドは各人の音楽性の、融合というより〝継ぎ接ぎ〟に近い。『こわれもの』や『危機』などは、各メンバーがもち寄ったフレーズやメロディ、アイデアをスタジオで繋ぎあわせて作られていったそうだ。実際『こわれもの』の収録曲はほぼ半分がソロワークと言ってよい。しかしそれでも、あるいはだからこそ、あの変幻自在な構成と融通無碍なアンサンブルが生まれたのだ。

一方でバンドとしてのイエスは、〝モジュール〟としての各メンバーの結合体として機能する。「危機」や「ラウンドアバウト」などをよく聴いてみればわかるが、イエスのアンサンブルは各パートが同一のメロディやフレーズを重ねるユニゾンよりも、ギター、ベース、キーボードなどの

『リレイヤー』ジャケット

個々の楽器が紡ぎだすフレーズやメロディが撚り合い重なり合っていくという、“シンフォニック”な重層性が特徴だ。したがって『リレイヤー』（*Relayer*, 1974）でキーボードがウェイクマンからパトリック・モラーツに交代すると、それまでの積み上げるようなオーケストレーションは影を潜め、単音の旋律線を基本とする攻撃的なまでのソロがキーボードパートの中心となり、テレキャスターのペナペナした音でのハウの速弾きと意外な調和をみせる。トレヴァー・ラビンの加入も同様の大きな変化をバンドにもたらすことになったのは前述のとおり。イエスは言ってみれば、“モジュール交換”によって全体の性能向上や方向性の変化を図るグループなのだ。

類い稀な個の集まりであると同時に、その個はあくまで「全体」の一部として機能する集団。ラッシュも同様であるがイエスはより徹底している。今度はこのイエスにおける「個」と「全体」のあり方を、さらにコンテクストを拡大して考えてみたい。

◉ポスト・ロマンティック・イエス

岡田暁生によれば、クラシック音楽は18世紀末、近代市民社会の成立による「公」と「私」の場の分離による大変動を蒙った。バロック音楽では通奏低音という「大きな秩序」に支配されていた旋律が、古典派のハイドンやモーツァルトでは自由にふるまう主役となる。また提示部―展開部―

再現部の三つのパートで構成されるソナタ形式も、調性的に対立する二つの主題の間で〈対話〉あるいは〈議論〉が行なわれ、最後にそれが解決されるという「啓蒙の時代が生み出したもっとも輝かしい音楽形式」（岡田 115）である。これらの音楽は近代的個人の知性や意志や感情の発露であり、「王や神から解放された自由な精神のあらわれ」（岡田 104）であった。音楽家が王侯貴族や教会のようなパトロンによる財政援助の代わりに、公共空間における〈演奏会〉とそこで披露される〈交響曲〉によって生計を立てることで、「公」の支配を脱した「私」が「公」の領域に進出し地歩を固めたのだ。

しかし同時にそれは、音楽が資本主義システム内の「商品」となる歴史の始まりでもあった。社会的にも経済的にも自立をはたした音楽家たちは、当初こそ「公的な晴れがましさ」と「私的な親しさ」を両立させた「全ての人に開かれた音楽」を実現していたが、ロマン派ではこの公私の領域の亀裂が深まっていく、と岡田は分析する。ロマン派の際立った特徴は「内面感情への過剰な耽溺」と「外面への過剰な自己顕示」（岡田 110-11）であり、前者は〈未知の響きの追求〉と〈音楽による感動〉の制度化、後者は〈ヴィルトゥオーソ・ブーム〉へと展開していく。

ロマン派を蛇蝎のごとく忌み嫌うアドルノは「ラジオ・シンフォニー」（1941）で、ラジオにおける音楽の断片化と物象化を「ロマン化」と名づけ、古典派がもつ全体性への志向をロマン派が揚棄し、過剰なまでに「個」を顕彰した歴史を前景化する。そしてこの「個」への絶対的信頼（アメリカではR・W・エマーソンの超絶主義として結実する）は、ロマン派における「天才崇拝」、ひいては「超人思想」へと発展することになる。

だが先に述べたように、イエスは「個」の優位性に信を置かない。「個」はあくまでバンドという「全体」の一部であり、そのかぎりにおいて機能するものである。それでは、イエスの表象する「全体」とは何か。それは「個」の集まりであるバンドによって初めて成立するアンサンブルでありサウンドだ。たしかに、これでは堂々巡りである。だが「個」は全体＝歴史の産物であるというT・S・エリオットを引くまでもなく、この堂々巡りこそロマン主義以降の芸術のジレンマではなかったか。その意味でイエスの音楽は、ロマン主義以降の「個」への不信に立脚した現代音楽の流れに接続されうるのだ。「シンフォニック・イエス」という表現は、じつはイエスのあり方の本質を炙り出す表現かもしれない。

◉ハイパーリアルへようこそ

最後に〈ポスト・ロマンティック・イエス〉から〈ハイパーリアル・イエス〉への橋渡しをしておこう。リンダ・ハッチオンはロマン派の過度な個人崇拝への抵抗の身振りとして、また〈個人崇拝〉や〈天才神話〉を商品的価値に直結させた「資本主義的倫理の発展」（ハッチオン 13）を脱臼させる戦略として、「パロディ」を再評価している。ここではパロディとは「あらゆるコード化された形式」に対する「批評的距離を持った反復」（ハッチオン 41）と定義される。「反復であるが、差異を含んだ反復」であり、「批評的なアイロニーを含んだ距離を持った模倣」（ハッチオン 87）であるパロディは、個性や主体の反映／表出としての芸術を否定するのだ。ここで重要なのは、パロディの対象が特定の芸術作品というより、そこから抽出され「コード化された形式」であるということだ。この「コード化された形式」こそが、本章の冒頭に述べたプログレの一般的イメージであり、作り手と受け手が共有するものである。

フレドリック・ジェイムスンはこのハッチオン的パロディを、「ある種の空白のアイロニーの現代的実践」（ジェイムスン 17）のパロディとしての〈パスティーシュ〉と呼ぶ。「正常な言語、日常の発話、言語規範」を喪失し「様式的多様性と異質性」（ジェイムスン 16）だけが残され、多国籍資本主義によって全てが標準化された現代。その「永続する現在と永続する変化」（ジェイムスン 35）を強いるポストモダン社会は、芸術のみならず人間をも〈パスティーシュ〉的存在と化す。この〈パスティーシュ〉は「起源なき反復」として、ひたすら自己複製を繰り返すのだ。

スチュアート・ホールはこの状況をもっと簡潔に、大人たちが自信を喪失し規範たりえなくなった60年代に、若者たちがメディアや商品をつうじて自分たちの文化を形成するプロセスととらえた。リオタールの言う「大きな物語の終焉」がもたらした「小さな物語群」は「起源」を自分たちで創造しようとあがくのだ。イエスやプログレの「壮大な物語」は、後から仮構された偽りの「起源」であり、この存在しない「起源」を再現／反復しようとしてきたのが、ハイパーリアル・イエスの足跡なのだ。

ただ一人、愚直にイエスにこだわりつづけたクリス・スクワイアが2015年に他界した今、もはやイエスの起源はどこにもない。それでもイエスは存在しつづける。ハイパーリアルな「個」、シミュラークルとしての現代人にこれほどふさわしいテーマを奏でるバンドは他にあるまい。

第3章

荒地に響くマザー・グースの歌
——英文学的ジェネシス論——

『怪奇骨董音楽箱』
ジャケット

ジェネシス／ Genesis

1967 年にパブリックスクールの同級生により結成される。69 年にデビュー。二枚目のアルバム発売後にスティーヴ・ハケット（g.）とフィル・コリンズ（dr.）が加入。『怪奇骨董音楽箱』（71）で複雑な構成、変幻自在な演奏とアレンジ、寓意的な歌詞など、その後のジェネシスサウンドの基礎を築く。『フォックストロット』（72）、『月影の騎士』（73）がチャートを駆け上り、ピーター・ガブリエル（vo.）の奇抜な衣装と演劇的なパフォーマンスで国外でも人気を得るが、『眩惑のブロードウェイ』（74）発表後にガブリエルが脱退。その後はコリンズをリード・ヴォーカルに据え、よりポップなサウンドを志向していく。

86 年の『インヴィジブル・タッチ』は世界的大ヒットとなるが、96 年にコリンズが脱退、その後グループは休止と活動再開を繰り返す。2020 年には再結成と英国ツアーがアナウンスされた。

ジェネシスの黄金時代到来を告げる三枚目のアルバム『怪奇骨董音楽箱』（*Nursery Cryme*, 1971）は、その後のジェネシスを決定づける作品となった。ポリフォニック（多声的）な楽曲構成と寓意的かつ多層的な歌詞を複雑かつ目まぐるしい展開のサウンドに乗せながら、ピーター・ガブリエルの演劇的なパフォーマンスが本領を発揮する本作から、よりコンセプチュアルな方向性を目指すようになったのである。そしてここから、過去の文学的遺産に現代のアクチュアルな課題を重ねるというジェネシス独自の方法論が確立されていく。

このアルバムの原題 *Nursery Cryme* も、その新生ジェネシスの紡ぎだそうとしている世界を的確に示すものだった。これが nursery rhyme（童謡、子守唄）と crime（犯罪）とをかけたタイトルであることは一目瞭然だが、もうひとつ、“Cryme” のように “i” の代わりに “y” を用いるのは、12世紀から15世紀の中英語（Middle English）の特徴である。たとえば “night” は “nyght”（発音も「ナイト」ではなく「ニーヒト」）、“ride” は “ryde”（同じく「リーデ」）となる。つまり、この綴りによって懐古趣味を醸し出しているのだ（それが、邦題の「骨董」にもつながる）。

さらに Nursery Rhyme と大文字ではじめれば、一般には「マザー・グース」（Mother Goose rhyme）を指すものとなる。この『怪奇骨董音楽箱』が「マザー・グース」に範をとったコンセプトアルバムであることはこれまでも指摘されてきたが、その元となった「マザー・グース」とはいかなるものなのかを十分に理解すれば、その重層的な意味構造がよりはっきりとみえてくるはずだ。まずはこの「マザー・グース」の歴史を紐解き、ジェネシスのアルバムがいかにその本質と結びついたものであるかを明らかにしてみたい[1]。

◉「マザー・グース」

「マザー・グース」は、イギリスに古くから伝わる伝承童謡を集めた歌集である。このタイトルは、シャルル・ペローの童話集の副題「鵞鳥おばさん」(マ・メール・ルワー)のコント」が英訳されるときに、「老婆」の意味の「鵞鳥おばさん」をそのまま直訳したのが起源である。これが伝承童謡を集めた本のタイトルとされたのは、一般的に1791年の *Mother Goose's Melody: or, Sonnets for the Cradle*(『マザー・グースのメロディ』)からとされる。もちろんそこに採録されている歌はさらに古く、少なくとも16世紀までは遡れるものが多いという。その後も幾度となく新たな編者が新たな歌を加え、ときには新たな節が付け加えられ、現代まで愛唱/愛読されている。

「マザー・グース」に収められている歌は、元々が口承で伝えられたものであり、子どもたちにもわかりやすいことばで紡がれているのが特徴だ。「ロンドン・ブリッジ」や「六ペンスの唄」「ジャックとジル」などの唄は広く愛唱されつづけているし、「牡牛が月を飛び越した/The Cow jumped over the Moon」や「風が吹けば揺りかごが揺れる/When the wind blows/The cradle will rock」「王さまの馬と配下を総動員/All the King's horses and all the King's men」などのフレーズはそれ自体で、人口に膾炙した英語のイディオムとなっている。

また「マザー・グース」には、さまざまな種類の歌が採録されている。ほとんど意味のない言葉遊びやなぞなぞ歌、おまじないに節をつけたもの、遊戯唄、歴史上の出来事や人物を歌ったものなどである。そして日本のわらべうたも暗い記憶や歴史を抱えたものがあるように、「マザー・グース」の一見無邪気で陽気な歌にも「暗い過去の経験」(平野87)が潜んでいるのだ。日本でもよく知られている「ロンドン・ブリッジ」は全部で十二番まで歌詞があるが、最後に橋に「番人」を置き、口にパイプを咥えさせるという一節が出てくる。(2) これはヨーロッパで中世まで広く見られた、橋梁工事などの難事業で生贄にされた人柱の姿だという説もあるそうだ（平野 86-7）。

このように「マザー・グース」の歌には、「童謡」と「歴史的・社会的記録」の二つの側面がある。最初の版が編纂されてから二百年以上の間、編者や研究者は歴史的文脈から解釈を加えたり、寓話として教訓を読み取ったりすることで「マザー・グース」という作品に新たな命を与えてきた。そして、それぞれの時代のアクチュアルな課題を反映させながら、この過去からの遺産に同時代性を付与してきたのだ。そしてそれは、「マザー・グース」がそもそも備えている多層的な作品構造のゆえに可能だったのである。

もちろん、これらは「マザー・グース」に限ったことではないかもしれないが、ジェネシスが「マザー・グース」に魅せられたのはその題材や内容というよりも、この意味の二重性、多層的な作品構造であり、過去と現在をつなぐ手法だったのではないか。本章では『怪奇骨董音楽箱』から『月影の騎士』の三作に絞り、その歌詞を分析しながらそれを検証してみたい（以下、歌詞の和訳は全て長澤の試訳であることをお断りしておく）。

◉『怪奇骨董音楽箱』（1971）

本作の最初を飾る「ザ・ミュージカル・ボックス／The Musical Box」は、その奇怪な歌詞でよく知られている。ヘンリーという8歳の少年がクロケットの最中に、シンシアという少女の振るう木槌で頭を殴られ落命する。二週間後、「オールド・キング・コール」のメロディが流れるオルゴールからヘンリーの幽霊が現れ、急激に年老いながらも恋しいシンシア相手に思いをとげようと彼女に迫る。ところが、シンシアがオルゴールをヘンリーの幽霊に投げつけるとオルゴールが壊れ、ヘンリーの姿も消える。以上がその要約である。

この物語は、歌詞にそえられた解説としてアルバムジャケットに掲載されている。だが、この曲の歌詞だけを読んでみると、女性への恋心を切々と訴えながらその思いを受け入れてもらえない哀れな男が、おそらく二人の思い出の歌である「オールド・キング・コール」を聞いて過去の二人を思い出してほしい、と訴える痛切な独白となっている。つまり歌詞というテクストに、オルゴールにまつわる挿話というコンテクストを与えることで、全く別の物語に読み替えることができる構造となっているのだ（ちなみに「オールド・キング・コール」は「マザー・グース」にも収録されている歌で、ローマ進入以前のケルト王といわれているが、実在したかどうかは疑わしい）。

三曲目の「ザ・リターン・オブ・ザ・ジャイアント・ホグウィード／The Return of the Giant Hogweed」も奇妙な歌だ。巨大なブタクサ（Hogweed）が人間を襲うという、荒唐無稽というかSF的な内容の歌詞だが、じつはGiant Hogweed（オオブタクサ）[3]という植物は実在する。歌詞の最後にあるHeracleum Mantegazziani（これは複数形で、単数形はHeracleum Mantegazzianum）がその学術名で、中央アジアからコーカサス地方を原産とし、成長すると高さ2～2・5mほどになるものだ。19世紀に庭園での観賞用としてイギリスにもち込まれ（歌詞にある「ヴィクトリア朝の探検家が沼地のほとりで威厳あるブタクサを発見し、採集して持ち帰った／A Victorian explorer found the regal Hogweed by a marsh; He captured it and brought it home」という一節は、この歴史的事実を示す）、イギリス国内で繁殖しただけでなくヨーロッパや北米大陸にまで広がり、現在は生態系への大きな脅威となっている。さらにこのオオブタクサ、樹液がついた皮膚が紫外線にさらされると激しい炎症を引き起こし（Phototoxicity

＝光毒性。歌詞でも「やつらは日の光がなければ毒を感光させることができない／They all need the sun to photosensitize their venom」と歌われている)、目に入ると失明につながるという、まったくもって剣呑な植物である。

つまりこの歌は、実際に発生しているオオブタクサによる生態系破壊や人間への害を、巨大ブタクサと人間の戦いという寓話的な物語に置き換えたものなのである。「マザー・グース」の歌が数百年あるいは千年以上も以前の歴史上の出来事を寓話として伝えているように、この現代の事実も遠い未来の「マザー・グース」で、ある種のファンタジーとして伝えられているかもしれない、そんな設定で作られた歌と考えてもいいだろう。

B面二曲目の「ハロルド・ザ・バレル／Harold the Barrel」は、ハロルドという食堂店主をめぐる騒動を紡いだ歌で、猟奇的な事件を起こして失踪したハロルドについて当事者や関係者や野次馬やメディアの語ることばをつなげるというポリフォニックな構成になっている。最後はビルの窓から投身自殺を図ろうとするハロルドを、みなが「わたしたちは味方だ、話し合おう／We're all your friends if you come on down and talk to us」と説得しようとするが、ハロルドは「冗談だろ／You must be joking」と聞き入れようとしない。これは現実に起こりうるおぞましい出来事を世間やメディアが物語化していくなか、当事者すらも疎外されていく過程をえがくことで、「マザー・グース」のような伝承歌の背後にもリアルな人間の生があることを、逆説的に示している。

「ザ・ファウンテン・オブ・サルマシス／The Fountain of Salmacis」という、ギリシア神話の物語に題材を得た、というよりほとんどなぞった歌でこのアルバムは締めくくられる。ヘルメスとアフロディーテの間に生まれた美少年ヘルマプロディトスは水浴びのさなか、かれに恋焦がれる水妖サルマキスに水のなかに引きずり込まれ、二人は融合し両性具有の存在となる。最後に「二人は全てを与えられた／恋する者の夢はついにかなえられ／Both had given everything they had / A lover's dream had been fulfilled at last」と歌われることで、この物語が冒頭の「ザ・ミュージカル・ボックス」と対になっていることが明らかになる。シンシアに拒絶され望みを叶えられぬヘンリーと、力ずくで愛する者と一体になったサマルシス、どちらも愛と暴力をめぐる物語なのである。

このように「マザー・グース」やギリシア神話のエピソードを現代的に読み替えること、現実が物語化されるプロセスを多面的にえがきだすこと。これが本アルバムのテーマだったのだ。

『フォックストロット』（*Foxtrot*, 1972）

ジェネシスの名を一躍轟かせたこのアルバムは、「ウォッチャー・オブ・ザ・スカイズ／Watcher of the Skies」で幕を開ける。このタイトルは、ロマン派の詩人ジョン・キーツ（1785-1821）の「チャップマン訳のホメロスを読んで／On First Looking into Chapman's Homer」（１８１６）の一節、「まるで新発見の惑星が視界のなかに飛び込んできた天文学者のような気分で／Then felt I like some watcher of the skies / When a new planet swims into his ken」から採られている。元となったキーツの詩は、ホメロスの描く古代ギリシアの神々や人間たちの息吹に触れた感動を表現したものであり、ここでも前作に引きつづきギリシア神話がひとつのテーマになっているようだ。

だが、じつはこの作品は、「人間と大地の結びつきが終わりを迎え／This is the end of man's long union with Earth」、「人類を空っぽの遺跡で判断しないでくれ／滅び去った被造物を元に神を判断はできないだろう?／Judge not this race by empty remains / Do you judge God by his creatures when they are dead?」と、人類が滅び去った後の地球をえがくものなのだ（トニー・バンクスによれば、アーサー・C・クラークの古典的ＳＦ『幼年期の終わり』（52年）に触発されて作られたそうだ）。つまりこの“Watcher”は人類滅亡後の地球を訪れた宇宙人であり、外部の目をつうじて地球人の愚行が明らかになる、という仕組みだ。アルバムカバーにある狐狩りも、その愚行の一例なのだろう。

「ゲッテム・アウト・バイ・フライデイ／Get'em Out by Friday」は１９７０年代の企業による強引な都市開発への皮肉が込められた歌で、作中に登場する不動産業者の「金曜日までにやつらを追い出せ」という台詞がタイトルになっている。ダグラス・アダムスも『銀河ヒッチハイク・ガイド』（79年）で揶揄した、この時期のロンドンの劣悪な住宅事情が窺える（クリストファー・プリーストの『是認』（*The Affirmation*, 1981、未訳）でも、主人公がアパートからの退去を一方的に求められるくだりがある）。そして後半では、２０１２年に居住者の身長が4フィート以下に制限されることになる。まるでモンティ・パイソンのようなグロテスクなユーモアだ。

『フォックストロット』ジャケット

一方で、この未来図は「プロクルステスの寝床」というフレーズも連想させる。旅人をベッドの大きさに合わせて切り刻んでいた強盗プロクルステスが英雄テーセウスによって成敗されるという、これまたギリシア神話の故事から採られた慣用句で、「こじつけ」「杓子定規」を意味するものだ。本作『フォックストロット』はまさに「杓子定規で非人間的な社会が人間を滅ぼしていく」という陰鬱たる主題をめぐる考察といえるだろう。

こうして、『怪奇骨董音楽箱』で「マザー・グース」的な寓話の形式を用いて過去と現在の英国を二重写しにしてみせたジェネシスは、『フォックストロット』で社会問題などのより現代的なテーマによって直接的にアプローチしていく。そしてその問題意識は、次作『月影の騎士』において、「伝統の喪失と英国の没落」という主題として具体化するのだ。

◉『月影の騎士』(*Selling England by the Pound*, 1973)

本作の原題 *Selling England by the Pound* は、当時の労働党の選挙向けマニフェストから採られたフレーズである。「英国病」と呼ばれた1960年代からの長期の不況に喘いでいたイギリス経済を活性化させようというスローガンで、直訳すれば「英国をポンド（£）で売ろう」となる。『フォックストロット』の成功で皮肉にも、「アメリカ市場向けの商業主義に走った」という批判を呼んでいたジェネシスが、自分たちはあくまでイギリスのバンドであるというメッセージと自負をこのタイトルに込めたのだ、ともいわれている。

だがその一方で、"sell by the pound" とは「ポンド単位で売る」、つまり「量り売り」という意味でもある。「イギリスを量り売り」とは、なんともシニカルなタイトルではないか。このダブルミーニングもまた、過去と現在の英国の二重写しにふさわしいものだ。

オープニングの「ダンシング・ウィズ・ザ・ムーンリット・ナイト／Dancing with the Moonlit Knight」は、そのタイトルからして "Moonlit night"（月明かりの夜）と引っ掛けた言葉遊びである。「わたしの国がどこにあるか教えてくれないか／Can you tell me where my country lies?」と、伝承バラッドによくある言い回しで始まり、次の行の“unifaun”は「制服（uniform）」と「牧神（faun）」をかけた造語によって、現代社会と神話的世界の双方に言及する。“Old Father Thames”（半神半人として擬人化されたテムズ川の像）は死を宣告され、人々はウィンピー（イギリスのファーストフードチェーン）で黙々と侘しい食事をとりつづける。かつてアーサー王の円卓（Round Table）に集った騎士たちが聖杯（the Grail）を求め旅した浪漫溢れる国土は失われ、いまや「サー・ガウェインと緑の騎士」（13世紀の韻文物語）で詠われた英雄ではなく、緑色のクーポン（Green Shield Stamps）をせっせと集めつづける小市民で溢れている。

　つづく「アイ・ノウ・ホワット・アイ・ライク／I Know What I Like (in Your Wardrobe)」で語り手は「わたしはただの芝刈り機／わたしの歩みを見れば分かるだろう／I'm just a lawnmower - you can tell me by the way I walk」と自嘲的に、社会や資本主義システムが与える商品（“Your Wardrobe”はこの謂いだろう）を芝刈り機のように刈り取っていくだけの人生を歌ってみせる。「ファース・オブ・フィフス／Firth of Fifth」の「出口が何度も見えていながら囲いから出ようとしない羊たち／The sheep remain inside their pen, / Though many times they've seen the way to leave」も現代人の姿だ。「ザ・バトル・オブ・エッピング・フォレスト／The Battle of Epping Forest」はギャング同士の抗争を軽妙な語り口で伝えるが、ポール・ウィリスが『ハマータウンの野郎ど

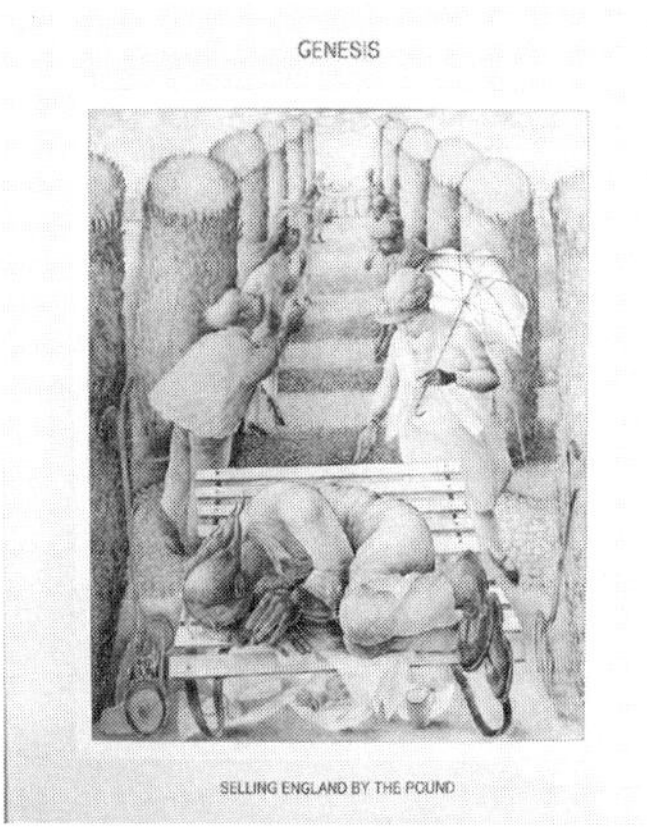

『月影の騎士』ジャケット

も』（77年）で分析してみせた、既存の権威への反抗すら社会体制の再生産プロセスに回収してしまう現代社会のシステムにいち早く目を注いでいる。

そして何といっても本アルバムの白眉は、B面三曲目の「ザ・シネマ・ショウ／The Cinema Show」だ。この作品は、T・S・エリオットの『荒地』（*The Waste Land*, 1922）に想を得てバンクスとラザフォードが書き下ろしたものである。20世紀モダニズムを代表する『荒地』はやはり聖杯伝説を下敷きにした長編詩であり、「荒地」と化した国土を再生させるべくさまざまな姿に転生する預言者テイレシアス（Tiresias）の放浪を物語る。作者エリオット自身が自註で述べているようにテイレシアスは男女の性を交互に生きる存在であり、曲中の「あるときは男となり海のように荒れ狂い、またあるときは女となって大地のように与える／Once a man, like the sea I raged, / Once a woman, like the earth I gave.」という一節は、このテイレシアスの変身への言及に他ならない。そして『荒地』が現代のロンドンと過去の神話的世界を並置しながら、現代人の荒廃した生と魂の再生への旅を描くように、「ザ・シネマ・ショウ」の歌詞の結びで繰り返される「海よりも大地の方が多い／But there is in fact more earth than sea.」というフレーズには、破壊ではなく生をもたらすものへの希望が託されているのだろう。

『月影の騎士』でジェネシスは、過去／伝統の喪失と英国の没落を嘆き悲しんだ。寄る辺を失った現代人は、自分自身の手で新たな自己を形成しなくてはならない。歴史的深層としての過去と文化を失ったかれらは、「表層」の国アメリカのブロードウェイを舞台に選び、新たな自己の構築／発見の物語を次作『眩惑のブロードウェイ』（*The Lamb Lies Down on Broadway*, 1974）で繰り広げることになる。

正直、ここまでジェネシスが「文学的」分析に耐えうる歌詞世界を構築していたことに、今さらながら驚きを覚えている。いわゆるプログレ五大バンドのなかでもっとも「イギリス的」と呼ばれる所以は、この歌詞にもあるのだろう。そのやや斜に構えた、だが広い教養と深い洞察とに支えられた初期ジェネシスの世界は、まさにイギリスそのものである。

【註】

（1）以下の「マザー・グース」についての解説は、主に平野敬一『マザー・グースの唄――イギリスの伝承童謡』（中公新書、１９７２）に依拠している。40年以上前の書物でもあり、その後の研究によって誤りも明らかになっているが、歌詞の解釈や歴史的背景についての考察は未だに参考になる。

（2）「マザー・グース」に収録されている歌のなかでも、とくにこの「ロンドン・ブリッジ」についてはさまざまな異同があるが、少なくとも１８３３年版ではこの歌詞になっている（１７９２年版にはこの唄そのものが収録されていない）。かなり古い形であることは間違いなさそうである。

（3）Giant Hogweed は日本語で「ブタクサ」あるいは「オオブタクサ」と呼ばれる植物とは別物であるが、シャーロット・マクラウドの小説『オオブタクサの呪い』（創元推理文庫、１９９０）も Giant Hogweed を「オオブタクサ」と訳している。それに倣い、ここでも便宜上「オオブタクサ」と表記する。

第4章

「新たなエルサレム」の夢
――ＥＬ＆Ｐとポストモダン的崇高――

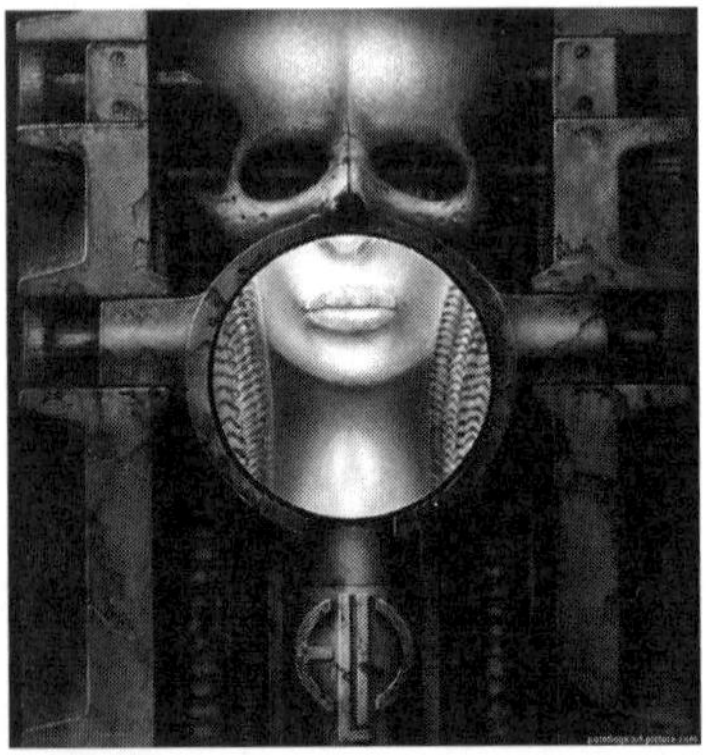

『恐怖の頭脳改革』
ジャケット

エマーソン、レイク&パーマー（ELP）／Emerson, Lake & Palmer

元ナイスのキース・エマーソン（key.）と元キング・クリムゾンのグレッグ・レイク（vo., b.）、元アトミック・ルースターのカール・パーマー（dr.）の三人により、1970年に結成。ワイト島ポップ・フェスティバルで話題となり、アルバム『エマーソン・レイク・アンド・パーマー』で同年にデビュー。『タルカス』（71）『展覧会の絵』（71）『恐怖の頭脳改革』（73）などで、個々の高い演奏技術に裏打ちされた緻密なアレンジとハードでエネルギッシュなサウンドを確立する。またルックスの良さも相まって雑誌の人気投票などではつねに上位に位置した。

80年に解散。その後はソロやユニットでの活動が中心となり、2016年にキース・エマーソンとグレッグ・レイクが相次いで死去、三人が再び集まることはなかった。

◉「エルサレム」を歌うイギリス

キーボード奏者ティム・ブレイクは、ジャズ・ロックグループのゴングを脱退した後、1978年に『エルサレム』(*Blake's New Jerusalem*)というソロアルバムを発表した。このアルバムのB面に収録されているタイトル曲は16分を超える大作だ。音楽と愛に満ちた楽園としてこの世に到来した〝新たなエルサレム〟について歌うこの曲は、その後ブレイクの代表作となり、のちに加入したホークウインドのライヴでもたびたび演奏されている。

この曲の冒頭で、「そしてわが手の剣は決して休まぬ/この緑豊かなイングランドの地に/エルサレムを打ち建てるまでは」(Nor shall my sword rest in my hand / 'til we have built Jerusalem / in England's green and pleasant land)という朗読が流れる。これはエマーソン、レイク&パーマー(以下EL&P)も『恐怖の頭脳改革』(*Brain Salad Surgery*, 1973)でカバーした讃美歌「聖地エルサレム」の最後の一節である。つまりこのティム・ブレイク版「エルサレム」には、かつてEL&Pが歌った〝新たなエルサレム〟の実現への希望を引き継ぐ、という意志が看取できる。

さらに〝Blake's New Jerusalem〟というタイトルも興味深い。「聖地エルサレム」の歌詞はそもそも、イギリスの詩人ウィリアム・ブレイクが叙事詩『ミルトン』(*Milton*, 1804)の序文として書いた詩の一部だ。つまりティム・ブレイクは、この偉大な詩人にもあやかり、自分の姿を重ね合わせたかっ

『エルサレム』ジャケット

たのかもしれない。

このように、ややつんのめりぎみな気合を感じさせるタイトルの楽曲だが、曲自体はサイケ調テクノとでも呼ぼうか。当時としては最新の、今となっては時代を感じさせるアレンジだが、その淡々とした雰囲気は意外と悪くない。

閑話休題。このウィリアム・ブレイクの詩は前記以外にも、ヘヴィーメタル歌手のブルース・ディッキンソンが『ケミカル・ウェディング』（1998）で引用したり、音楽以外では映画『炎のランナー』（1981）にインスピレーションを与えたり、現代のポップカルチャーにさまざまな形で刻印を残している。

では、この詩は何をテーマとしたものなのか。そしてどのような経緯を辿って讃美歌となったのか。ティム・ブレイクが言及し、EL&Pがカバーした「聖地エルサレム」と、その起源となったウィリアム・ブレイクの詩をつうじて、EL&P、ひいては1970年代のプログレやロックミュージックが目指したものは何だったのかが見えてくるのではないか。そんな、こちらもやや気宇壮大な目論みをもって、この詩と曲をめぐるあれこれを考察してみたい。

◉「聖地エルサレム」のシングル騒動

「聖地エルサレム」はシングル盤として発売されたが、これが意外にもEL&Pにとって本国で初のシングルだった。だが、奇妙なことにキース・エマーソンは自伝で、「結局『*Brain Salad Surgery*（恐怖の頭脳改革）』は、シングルを出さずとも、私たちの一番人気のアルバムになった」（エマーソン342）と、この曲がシングルとして発売されたことを否定するような記述を残している。事実としては、松井巧も指摘しているように、この「聖地エルサレム」がイギリスでのファーストシングルとして発売されたのは間違いない。では、なぜエマーソンは事実に反する証言をしたのだろうか。

じつはもともとレコード会社は「スティル…ユー・ターン・ミー・オン」をシングルカットしようとしていたらしい。前作『トリロジー』（*Trilogy*, 1972）からアメリカでシングルカットされた「フロム・ザ・ビギニング」は、ビルボードでトップ40に入るスマッシュヒットとなっていた。これに気をよくしたレコード会社としては、当然二匹目のどじょう狙いで同系統のバラード曲をシングルとして売りたい。それに対してメンバーが「もっとバンドのいいところを取り入れた曲」を出したいと異を唱え、この「聖地エルサレム」が選ばれた。そんな経緯のようだ。

そうした紆余曲折を乗り越えてのシングル発売だったが、よりによって発売直後にＢＢＣで放送禁止曲に指定されてしまうという憂き目にあう（後述）。こうして出ばなをくじかれた結果、本国のヒットチャートでは惨憺たる結果に終わってしまった。おそらくレコード会社がもっともヒットを期待したであろうアメリカでは、結局発売されずじまい。カール・パーマーはこの決定を下したＢＢＣのお偉方の「了見の狭さ」（small-mindedness）に憤りながら、「これはジュークボックス向きのレコードになると思ったのに」と残念がっている。エマーソンもこのシングルをめぐる苦い思い出を封印したかったのかもしれない。

「聖地エルサレム」がアメリカでシングルカットされていれば、その後のプログレをめぐる状況が様変わりしていた可能性もある。第１章で紹介したように、70年代のアメリカでのプログレッシヴ・ロックの扱いは冷淡ともいえる状況であった。プログレファンは一種の〈オタク〉であり、レコードも一般のレコード店ではなく、輸入盤専門店で自主製作盤や同人誌などと一緒に売られていた。ピンク・フロイドの『狂気』（*Dark Side of the Moon*, 1973）がビルボードのアルバムチャートの1位を獲得はしたものの、これもキャッチーな「マネー」のシングルヒット（最高13位）に牽引された側面が大きい。もし「聖地エルサレム」がシングルカットされていれば、同様にシングルチャートでそれなりのアクションを見せ、その後のアメリカでの、プログレの受容のあり方に変化があった可能性も大きい。

ＥＬ＆Ｐのシングルとしてはその後、『ＥＬＰ四部作』（*Works Volume I*, 1977）から「庶民のファンファーレ」が全英チャートで2位まで上がる大ヒットとなったが、その一方でアメリカでシングルカットした「セ・ラ・ヴィ」は最高で91位に終わる。時すでに遅く、重厚長大なプログレッシヴ・ロックの時代は過ぎ去りつつあった。イギリスではパンク・ロックの暴風が吹き荒れ、アメリカではエアロスミスやキッス、チープ・トリックなどのメロディアスでポップなハードロックが市場を席巻するなか、78年に『ラブ・ビーチ』（*Love Beach*, 1978）を発売するとほぼ同時に、グループは活動を停止、80年に正式に解散が発表される。２００３年に出版されたエマーソンの自伝が、実質的には77年まででほぼ記述を終えているのも宜《むべ》なるかな、である。

◉「聖地エルサレム」の由来

では、なぜこのＥＬ＆Ｐの「聖地エルサレム」は放送禁止になったのだろうか。それは、意外と単純な事情だった。ＢＢＣ上層部が「こうした由緒ある曲をロックバンドごときが商売に利用するのはけしからん」と拒否したのだ。

ＥＬ＆Ｐはそれまでも数多くのクラシック曲をロックにアレンジした作品を録音しており、いずれも何の問題もなく受け入れられてきた。それらをメディアに乗せることに問題があったという事実も仄聞していない。にもかかわらず「聖地エルサレム」だけがお偉方の神経を逆なでした。それはこの曲が、イギリス人にとって特別な意味をもつ曲だからに他ならない。ただ単に讃美歌である、という以上の問題が、そこにはある。

この曲の歌詞は冒頭にも書いたように、ウィリアム・ブレイクの詩をそのまま引用している。およそ百年の間ほとんど知られていなかったこの詩は1916年、イギリスの桂冠詩人ロバート・ブリッジズが編纂したアンソロジーに収録された。折しも第一次世界大戦が激化し、イギリス国民がこの未曾有の大戦争による苦難に喘いでいた時期である。ブリッジズは国民を鼓舞するためにこの曲を讃美歌とすることを思いつき、サー・チャールズ・ヒューバート・バリーに作曲を依頼した。

バリーは歌詞の冒頭、「はるか昔、あの足が」(And did those feet in ancient time)という一節をタイトルに選び、格調高いオルガン伴奏の合唱曲として完成させた。だが同時に、この母国の大地と歴史を讃美する美しい詩が愛国心を鼓舞するためのみに利用されることに忸怩たる思いも抱いていた。バリーはブリッジズの企画した演奏会での上演に難色を示し、一時この曲はお蔵入りとなりかけた。だが1917年に、「女性参政権運動の集会でこの曲を合唱曲として採用したい」という申し出が、主催者からバリーに寄せられる。その申し出に喜んだバリーは使用を快諾し、その結果この歌が広まる契機となった(のみならず、この曲の権利も婦人参政権協会全国連盟(NUWSS)へと譲渡したそうだ)。

一方この曲は英国国教会で、守護聖人であるゲオルギオスの日(聖ゲオルギオス/St. George の殉教日にあたる4月23日)に歌われるようになり、さらに多くの公立学校でも合唱曲として採用されていく。そうしてイギリス人の心をつかみ、現在では国歌に準ずる扱いを受ける作品となったのだ。近年の例でいえば、2011年にウェストミンスター寺院で執り行なわれたウィリアム王子の結婚式や、翌2012年のロンドン・オリンピックの開会式でのパフォーマンスが記憶に新しい。

だがこうした由緒正しさは、歴史のなかで後づけされたものにすぎない。女性参政権運動のテーマソングにもなったように、この曲には最初から権威や体制への抵抗というモチーフが存在している。それは大元であるブレイクの詩、ひいては、「体制的なものに飽き足らず、権威に反発し、人間がおのれの本来の姿に戻ることを重視し、優しい愛も激しい力も肯定し、奔放なまでに荒々しい表現世界を展開した」芸術家ブレイク自身の主題でもあった（木下卓他編『英語文学事典』ミネルヴァ書房、524）。その意味で、EL&Pがこの曲をかれらなりに特別なものと考えることにも十分根拠があったのだろう。

権威の側もそれに反抗する側も等しく自分たちのものと考えるこの「聖地エルサレム」という歌は、まさにEL&Pというバンドを象徴している。この点について検討するために、今一度この曲の歌詞を眺めてみよう。

◉ウィリアム・ブレイクと「崇高」

この「聖地エルサレム」の元となったブレイクの詩は、先に書いたように『ミルトン』という長編詩の一部であり、ジョン・ミルトンの『失楽園』（1667）と通底する〝楽園喪失〟のモチーフを謳ったものだ。このブレイクの詩だが、まずは英国誕生以前に「神の聖なる子羊」（the holy Lamb of God）、つまりイエス・キリストがグレート・ブリテン島（現在のグラストンベリー付近とされる）に渡来したという伝説から語り起こす。そのイエスの足が踏みしめた大地には、今や「悪魔の工場」

(these dark Satanic Mills) が立ち並んでいる。そして「この美しき緑の大地にエルサレムを打ち建てるまで、決して戦いは終わらない」と力強く結ぶ。

この二つの拮抗する力の対立は、ブレイクの主要な主題である。「無垢と経験の歌」（１７９４）や「天国と地獄の結婚」（１７９３頃）などの詩作品、あるいは水彩画「巨大な赤い龍と太陽の衣をまとった女」（１８０５頃。トマス・ハリスの『レッド・ドラゴン』で有名となった）などが代表的な例だ。「聖地エルサレム」においても、この二つの力はイエス＝古代イングランドとサタン＝近代英国の対比として表現されている。この詩の解釈においては、「悪魔の工場」は産業革命や英国国教会、あるいは人間を隷属状態におく近代の社会システムなどに比されることが多い。

だが「この地にエルサレムが建っていたのか？／この暗い悪魔の工場の間に」という一節を、単なる機械文明の否定や嫌悪と混同してはならない。悪魔の工場と神の国は同時に存在しうる、相補的な関係なのだ。ブレイクが描いた世界は美や安寧や調和とは程遠いが、それは対立や闘争の果ての融合、合一を狂おしいほどに求める精神を表象している。そして、ブレイクが幻視した荘厳さや偉大さに満ちた畏怖の対象、それを人は「崇高」と呼ぶ。

エドマンド・バークやカントなど18世紀の思想家たちは、「崇高」と「美」を対立する概念としてとらえた。崇高とは人間を超えた雄大なもの、唯一無の存在やそのあり様である。カントは「絶対的に大であるところのもの」「それと比較すれば他の一切のものはすべて小であるようなもの」についての思考をつうじ、「感官のいかなる尺度をも超過するような心的能力」が生み出す精神的状態、と定義した（『判断力批判』）。その意味で崇高は、人間に快の感情的反応を呼び起こす美とは対極にある。人間存在や人間の知覚を超える圧倒的なものへの志向なのだ。

だが二〇世紀に入りモダニズムの時代が到来すると、「美」を人工物に、「崇高」を自然に比することの二元論的崇高論は下火になっていく。T・E・ヒュームが「生命的」芸術に対して「幾何学的」芸術の優位を説くように、自然と科学／人間の対立において後者が支配的になっていくと（良し悪しや好悪は別として）信じられるようになったのである。ヒュー・ケナーが指摘したように、エリオットやパウンドらの二〇世紀的モダニストは、テクノロジーが作り出す環境のなかで人間の感覚が変容していく状況をえがきだした。キュービズムの画家や新ウィーン学派の音楽家たちは、抽象的、無機的な表現で世界を記述しようとした。そしてテクノロジーや科学が世界のあり方を変容させた未来や異世界をえがくSF小説や映画が人気を博す。

だが、そのテクノロジーの急激な進歩が人間を置き去りにしはじめると、再びこの状況は一変する。テクノクラシーの専横と人間の疎外という主題が、1960年代の反体制的な空気と相まって、以降のSF小説や映画で流行するようになる。人間の理解も操作も受け付けず自走し始めるテクノロジーに対する人間のレジスタンス、という図式である。そしてそのなかで、ノーマン・メイラーやトマス・ピンチョンからサイバーパンクに至る現代小説は、テクノロジーがかつての自然に変わり崇高なものとなった状況を描きつづけていると、アメリカの批評家ジョゼフ・タビは『ポストモダン・サブライム』（1996）で指摘している。そう、自然に代わり、テクノロジー／科学／未来が「崇高」の地位についたのだ。

◉ポストモダン的崇高の表象

EL&Pはこの「ポストモダン的崇高」の時代の音楽を奏でたグループだったといえる。エドワード・メイカンはプログレッシヴ・ロックの視覚上の戦略として「生物と機械、無生物の融合」を挙げているが、その代表的な例は言うまでもなくEL&Pの『タルカス』（*Tarkus*, 1971）と『恐怖の頭脳改革』だ。前者のアルマジロとイギリスのマークI型戦車が合体した怪物タルカスと、後者の奇妙な機械仕掛けの髑髏の仮面を被ったメデューサ。いずれもグロテスクなキメラ的存在である。巽孝之がEL&P、ひいてはプログレッシヴ・ロックというジャンル全体を、ロックとクラシックの境界を相互侵犯するキメラ的音楽と表現し、『恐怖の頭脳改革』のギーガーのジャケット画に「崇高美学」を見出すのは、その意味でまさに正しい。

『タルカス』ジャケット

エマーソンはギーガーの自宅を訪れたときの経験を自伝に記しているが、その記述からは、「美」とはもっとも遠いところにあるギーガーの作品群やその独特の美意識に圧倒されたことが伝わってくる。

> 彼の作品を全て見てみた。彼は、本当に頭が下がるほど生産的なアーティストだった。（中略）私が密かに不安に思っていることを（中略）何らかの芸術作品に仕上げてしまうので、それを見た私は、もう忘れられなくなってしまうのだ。いわば私もそのようなことを音楽でやろうとしてきた。（エマーソン 335）

ギーガーのグロテスクな造形のうちには、生物と無生物、機械と人間の奇妙な融合が存する。これはタビがダナ・ハラウェイのサイボーグ論を援用しながら論じた、「人間と機械を区分するあらゆる二項対立的カテゴリーを超える」ハイブリッドな存在としてのサイボーグ的主体と符合するものだ。自己を複製し増殖する機械／サイボーグのイメージに象徴されるポストモダン的崇高は、「自然」と「人工」の二元論を止揚するところから生まれる。

『タルカス』における怪物タルカスとマンティコアの戦いが残したものは破壊と虚無だった。焦げた大地、恥辱に満ちた灰、戦いの犠牲者などに覆われた戦場。「哀しみも苦痛ももはやない」(there will be no sorrow, / Be no pain.) とは死と静寂の風景であり、決して勝利によってもたらされる平和ではない。アルバムジャケットに描かれる、マンティコアとの戦いに敗れ去っていくタルカスの姿は、敗者ではあっても悪のそれではない。

そしてさらにこの崇高の追求という主題をおし進めたのが、『恐怖の頭脳改革』のクライマックスとなる大作「悪の経典#9」だ。「第1印象」では虐げられる者、弱者への共感と抑圧者への怒りという主題を歌う。そして「かれらの悲しみを癒すために／何としても／明日を勝ち取るのだ」(To heal their sorrow/ To beg and borrow / Fight tomorrow) と、勇壮な宣言が高らかに響き渡った直後の「第2印象」から急にトーンが変わり、「さあさあ、ものすごいショーの始まりだよ！」(Step inside! Hello! We've a most amazing show) という呼び込みが始まる。そこで強調されるのは、ロックンロールという音楽のエネルギーだ。

そして「第3印象」でまたもや大きく物語が(もちろん音楽も)転換し、(おそらく宇宙船の中での)人間とコンピュータの対決が始まる。コンピュータに支配の座を奪われた人間が「お前に命を与えたのはわたしだ」と言うのに対し、コンピュータは「わたしの完璧さに人間は及ぶべくもない」と突き放し、この両者の対話は歩み寄りも決着もみないまま、突然打ち切られて終わる。自らの創造物によって疎外され存在意義を失った人間が、理解を超えた存在となったコンピュータを前にしてなす術もない。まさに、タビが指摘した「崇高」としてのテクノロジーだ。だが、その前には恐怖に立ちすくみ怯えるのではなく、人知を超えた存在に挑戦しつづける人間の姿がある。「新エルサレム」とは、かれらが追い求める理想の世界の比喩なのだ。

◉「新エルサレム」を追い求めて

ＥＬ＆Ｐの音楽はクラシックとロック、芸術と商品、伝統と革新といった二元論を無効にする。それは巽が言うように、「私たちが音楽と信じてきたものを根こそぎ組み替えてしまう」コンセプチュアル・アートの目論みに通じるものかもしれない（巽 49）。そしてそれに加え、このＥＬ＆Ｐが「音楽でやろうとしてきた」こととは、ギーガーと同様、主体内部に生ずる恐怖や嫌悪感を契機とし、「不快を介してのみ可能な」快の感情を生ぜしめること、つまりカントが言う「絶大な力に挑む勇気」を与えることでないか。それはまさに、ウィリアム・ブレイクが「奔放なまでに荒々しい表現世界」によってえがこうとした理想の人間のあり方でもあった。「美」よりも「崇高」を追い求めたＥＬ＆Ｐの音楽も、時代を超えて「新エルサレム」を夢みる人々を鼓舞しつづけるだろう。

第5章

ジェフ・ベックとギターヒーローの文化史、あるいはギターというメディア

『ブロウ・バイ・ブロウ』
ジャケット

ジェフ・ベック／Jeff Beck (1944-)

ロンドンの中流家庭に生まれ、16 歳頃から演奏活動を始め、1965 年にエリック・クラプトンの後任としてヤードバーズに加入、一躍脚光を浴びる。
ヤードバーズ脱退後、67 年にロッド・スチュアート、ロン・ウッドらとジェフ・ベック・グループ（JBG）を結成。その後はコージー・パウエルらを迎えた第二期 JBG や、元ヴァニラ・ファッジのリズムセクションとベック、ボガート＆アピス（BBA）などのグループ活動を経てソロ活動へ。

『ブロウ・バイ・ブロウ』（75）以降、ジャズやファンク、メタル、プログレ、カントリーなどさまざまな音楽を融合したサウンドや、卓越したテクニックと独特なアイデアを散りばめたギタープレイなどで、ロック界最高のギタリストの一人として尊敬を集めている。

わたしがジェフ・ベックと出会ったのは１９７６年、発売されたばかりのアルバム『ワイアード』（*Wired*, 1976）を紹介するＮＨＫ—ＦＭの番組だった。ビートルズとジョン・レノンを小学5年生の頃から聞き始め、ラジオで最新のヒット曲をチェックする、そんな洋楽初心者の中学一年生にとって「レッド・ブーツ」や「蒼き風」は異次元のカッコよさだった。そして、同時にエレクトリック・ギター（以下ギター）という楽器の虜となった。

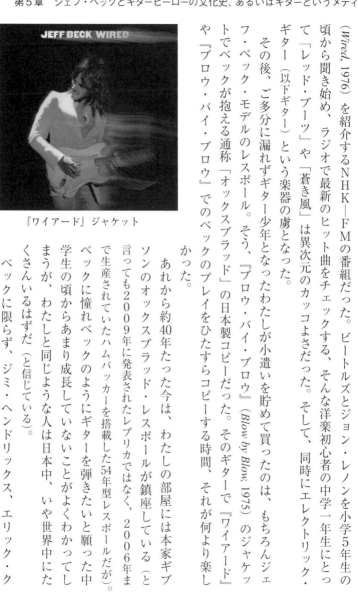

その後、ご多分に漏れずギター少年となったわたしが小遣いを貯めて買ったのは、もちろんジェフ・ベック・モデルのレスポール。そう、『ブロウ・バイ・ブロウ』（*Blow by Blow*, 1975）のジャケットでベックが抱える通称「オックスブラッド」の日本製コピーだった。そのギターで『ワイアード』や『ブロウ・バイ・ブロウ』でのベックのプレイをひたすらコピーする時間、それが何より楽しかった。

『ワイアード』ジャケット

あれから約40年たった今は、わたしの部屋には本家ギブソンのオックスブラッド・レスポールが鎮座している（と言っても２００９年に発表されたレプリカではなく、２００６年まで生産されていたハムバッカーを搭載した54年型レスポールだが）。ベックに憧れベックのようにギターを弾きたいと願った中学生の頃からあまり成長していないことがよくわかってしまうが、わたしと同じような人は日本中、いや世界中にたくさんいるはずだ（と信じている）。

ベックに限らず、ジミ・ヘンドリックス、エリック・クラプトン、ジミー・ペイジなどは「ギターヒーロー」と呼ばれる憧れの対象だった。60年代後半から70年代、空前の人気を誇るアーティストやバンドが次々とミリオンセラーを記録するいわゆる「スーパースターの時代」は同時にギターヒーローの時代でもあった。BBCが1995年に制作したドキュメンタリーシリーズ『ヒストリー・オブ・ロックンロール』も、全10回のうち丸ごと1回を「ギリシア神話の神々のように超人的で神格化された存在」（ジェフ・バクスター談）であるギターヒーローに捧げ、クラプトン、ペイジ、ジミヘン、さらにはキース・リチャーズやピート・タウンゼンドなどのギタリストがロックの歴史で果たしてきた役割を高く評価している。

ところで、この95年の番組でギターヒーローとして採りあげられているのはスラッシュ（ガンズ・アンド・ローゼズ他）までだが、それ以降にギターヒーローと呼べるギタリストはいるのだろうか。もちろん数多のスーパー・ギタリスト、現代のヴィルトゥオーソ（達人、名手）と呼ぶべきギタリストたち（スティーヴ・ヴァイ、エリック・ジョンソン、ジョー・サトリアーニ、その他諸々）がその後も続々と登場し、革新的なギターサウンドを世に問うている。だが、残念ながらいずれも、ソロであろうとグループに属していようと、かつてのギターヒーローに匹敵する人気と知名度、影響力を備えているとはいいがたい（とあえて言い切ってしまおう）。現代のロック／ポップミュージックでは、ギターという楽器の地位は相対的に低下している。あるいは、ギターに限らず楽器演奏のスキルそのものに対する関心が下がっているのかもしれない。いずれにせよ、ギタリストやギターは現在のロック／ポップミュージック言説のなかで周縁化している。この状況はいったいいつから、そしてなぜなのか。

また、もうひとつ気になることがある。奇妙な（そしてわたしには許しがたい）ことに、前記の番組ではベックについて、ほとんど言及していないのだ。紹介されているのは映画『欲望』（ミケランジェロ・アントニオーニ監督、１９６７）にヤードバーズが出演している場面のほんの一部と、同じくヤードバーズのロックの殿堂入り（１９９２）の際のスピーチのみ。クラプトンやペイジが大きくフィーチャーされているのに比べ、ベックに対する扱いは冷淡と感じるほどだ。

ひとつには、ベックをロック／ポップミュージック史のなかで語ることが難しいからだろう。もちろんこう書いたからといって、ベックのロックに対する貢献を軽んじているわけでは断じてない。第一期ジェフ・ベック・グループ（ＪＢＧ）はＨＲ／ＨＭの文法と語彙を創造し、第二期ＪＢＧはソウル／ファンクとロックの有機的融合という革新的サウンドを生みだした。『ブロウ・バイ・ブロウ』や『ワイアード』なくしては、日本でカシオペアやスクエアを生み出した１９７０年代のフュージョンブームも起こりえなかっただろう。そして『フー・エルス！』（*Who Else!*, 1999）と『ユー・ハッド・イット・カミング』（*You Had It Coming*, 2000）はエレクトロニカ／テクノロックに対するベテランアーティストからのみごとな回答であった。

『フー・エルス！』ジャケット

だが、これらがひとつのコンテクストを形成しないのが、ベックの音楽的キャリアである。それぞれのグループあるいはアルバムに連続性が見られるのはせいぜい二枚まで。『フラッシュ』（*Flash*, 1985）以降は、ほぼ一作ごとにサウンドを大きく変化させている。この音楽的変化を既存のロック史の文脈に位置づけるのは至難の業だろう。クラプトンやペイジがブルーズを介在したロックンロールからロックへの歴史的展開のなかにみごとにおさまるのとは対照的である（それは、かれらが作り出したものであるから、当然といえば当然だが）。ベックを語るにはギターあるいはギタリストという観点が不可欠だし、もしかすると、それがほぼ唯一可能なアプローチかもしれない。

ということで、ここからはいわゆる「ギターヒーロー」の時代がなぜ到来したのか。なぜ、各種楽器奏者のなかでギタリストがあれほど特権化されたのか。そして、なぜ今の時代、ギタリストはかつてのようなヒーローたりえないのか。これらの問いをつうじてジェフ・ベックというギタリストを改めて見直してみたい。

●イギリスから生まれたギターヒーロー

いったいギタリストはいつからヒーローとなったのか。ギターという楽器そのものに注目が集まるようになったのはいつ頃なのか。中山康樹はエルヴィス・プレスリーとスコッティ・ムーアを引き合いに出し「エルヴィスの背後でギターを弾いているスコッティ・ムーアに気をとめるようなマニアックな人間は数えるほどしかいなかった。また、そのような視点で聴く「耳」はまだ育っていなかった」（中山 37）と断言している。だが、ベックの伝記作者アネット・カーソンによれば、ロックンロールの誕生とほぼ同時にイギリスではギターに対する関心が急激に高まり、エルヴィスやジーン・ヴィンセントの声だけでなくムーアやクリフ・ギャラップのギターに耳を傾ける若者が急増していた事実がある。「ギター上を駆け巡る指が生みだす陶酔が、ロックンロールの魔法には不可欠だった。ギターはただの伴奏楽器ではなく、ボーカルに対抗する、同じくらい重要な構成要素となった」(Carson 6)。

この時期にギターの魅力に目覚めたイギリスの若者たちは、その後さまざまな音楽を経由し経験をつみながら、60年代に次々とプロデビューを果たす。いわゆるヤードバーズ三大ギタリストはもちろん、タウンゼンド、ピーター・グリーンらのＲ＆Ｂ／ブルーズ系ギタリスト、そして少し時代が下ればトニー・アイオミ、リッチー・ブラックモアらのＨＲ／ＨＭ系ギタリストなども登場する。さらにいえばジミ・ヘンドリックスを最初に評価したのも、本国アメリカではなくイギリスの聴衆だった（その逆に、イギリスからアメリカに渡ったジョン・マクラフリンのような例もあるが）。また、隣国アイルランドからもロリー・ギャラガーやゲイリー・ムーアが現れる。

それに比べて、この時期のアメリカでギターヒーローと呼べるのは、アルヴィン・リー（テン・イヤーズ・アフター）とカルロス・サンタナ、それにマイク・ブルームフィールドくらいだろうか（デュエイン・オールマンをギターヒーローと呼ぶかどうか、個人的には迷うところだ）。70年代後半にエドワード・ヴァン・ヘイレンが登場するまで、ギターヒーローについてはイギリス優位の状況だったといってよいだろう。

ブリティッシュ・インヴェイジョン期にイギリス人ギタリストに注目が偏った結果、同時期の優れたアメリカ人ギタリストたちが歴史に埋もれてしまった可能性はある。また、イギリスではアメリカよりもブルーズ人気が高く、マディ・ウォーターズのエレクトリック・セットなどをつうじてギター演奏に対する関心が持続していたという指摘もある。だが、ボーカリスト以上に「リードギタリストに人気が集まってしまう」（パワー 64）という新たな状況を生み出したのは、いわゆるヤードバーズ三大ギタリストであったのは間違いないし、70年代以降の次世代ギタリストがこぞって前記のイギリス人ギタリストを先駆者として崇めているのも確かだ。

このギタリスト大量発生の背景には、何らかのイギリス独自の社会的背景があったのだろうか。ポール・ウィリスは『ハマータウンの野郎ども』（1977）でイギリスの労働階級独自の文化を分析しているが、それがロック／ギターを受容する若者たちのあり様に重なってくる。学校という「権威」にことさら反抗的であること、社会のルールを出し抜くことに自尊心を求める若者たちは同時に、ロックやソウル、レゲエなどを好んで聴き、知識よりは経験、精神労働よりは身体労働に価値をおく。「手労働こそが、それ自体の無意味さにもかかわらず、この社会で自分たちの自由を謳歌し、ある特別な力を発揮する形式」（ウィリス 257）と考えるのだ。社会や学校に反発する中産階級の若者たちの間にも「労働階級の価値観」への同調、共感が見られると、この価値観は階級を超えて若者たちの間で広く共有されている状況が指摘されている（ウィリス 149）。

こうした身体性に重きをおく文化のなかで、自分のもてる技能を存分に発揮して表現するギタリストが崇め奉られるのは、ある意味自然かもしれない。またロバート・ワルサー（『悪魔とドライブ：ヘヴィーメタルにおける権力、ジェンダー、狂気』、ウェズリアン大学出版局、1993年、未訳）やメイヴィス・ベイトン（「いかに女性はミュージシャンとなるか」、1988年、未訳）が指摘するように、楽器習得や演奏技術が男性性の誇示と深く結びついているならば、男尊女卑が強く根づく労働階級文化との親和性はさらに高まる。

だがそれだけでは、ギタリストだけが特権化される理由としては弱い。なぜならドラムだってベースだってボーカルだって、みんな自分の身体で音楽を奏でていることには変わりないからだ。となるとやはり、ギターという楽器そのものをもう少し掘り下げて考える必要があるだろう。

◉レス・ポールによるギター革命

ギターは他の多くの楽器とは異なる道を歩んで進化し、その物質的な限界を超えたトーンを手に入れた楽器だといえる。バイオリンやアコースティック・ギターのような弦楽器、ピアノやチェンバロのような鍵盤楽器、各種打楽器、そして金管、木管などの吹奏楽器、そのいずれも基本的には一種類のトーンしかもたない。たとえばピアノは、打鍵の速度や強弱、ペダルコントロール等によって微妙に音色の変化をつけることはできる。だが、フェルトを巻いたハンマーで鉄弦を叩いて得られる音以外を出すことは物理的に不可能だ（ジョン・ケージが考案した、金属や木片でミュートさせる〈プリペアド・ピアノ〉は、その物理的特性の外に出るための工夫だった）。

アコースティック・ギターも同様に、内部に空洞を持つ木製のボディにナイロンまたは鉄の弦を張り、その弦を指またはピックで弾いた音以外は基本的に出せない。エレクトリック・ギターも本来は、その音を電気的に増幅するために作られたものだ。ジャズバンドのアンサンブルのなかで埋もれないよう、ギターにマイクを装着してアンプに接続する。それでようやくサックスやトラペット、ピアノなどに負けない音量を獲得し、ソロ楽器として自立可能となったのだ。このソロ楽器としてギターを確立したのが、ジャズギタリストのチャーリー・クリスチャンであることは周知の歴史だが、当時のギター（ギブソンES―150）はピックアップ一基にボリュームとトーンコントロールのみのシンプルな構成。アンプ（ギブソンEH―150）と併せ、単純に音量を拡大するための装置以上のものではなかった。

そのギターのあり方を根本的に変えたのが、ギタリストのレス・ポールだった。自作の機材にさまざまな仕掛けを施してディレイやフェイザー、スピード・シフターなどのエフェクトを考案し、ギターの音色を電気的に変化させたのだ。ギターはその物質的な条件を超えたトーンを自由自在に繰り出すことが可能になった。当時の聴衆はそれまで聞いたこともないギターサウンドに驚き、レス・ポールはラジオ（「ザ・レス・ポール・ショー」1950）やテレビ（「レス・ポール＆メアリー・フォード・ショー」1954—55）でレギュラー番組をもつほどの人気となった。

またレス・ポールはいわゆる特殊奏法によってギターの奏法にも革命をもたらした。先に挙げた「レス・ポール＆メアリー・フォード・ショー」の何本かの映像を、今はYouTubeで見ることができる。そこにある「世界は日の出を待っている」などの演奏を観ると、誰しも唖然とするだろう。三連続プリングオフや開放弦を絡めたプリングオフの下降フレーズ（いずれもベックの十八番でもある）を次々と決め、さらにハイポジションからローポジションへの瞬間的な移動、高速グリッサンド、ミュートを利かせたスウィープ奏法など、アクロバティックな演奏がこれでもかと繰り広げられるのだ。まさにベックがレス・ポールをお手本としていることがよくわかる映像だ（ちなみにパワーのベック伝によれば、この番組が放映されていた当時ベック家にはテレビがなかったそうなので、こうした特殊奏法をベックは聴覚情報のみで会得したことになる）。

レス・ポール以降、ギタリストたちはジャンルを問わず、新たなサウンドや奏法を求めてさまざまな挑戦をつづけることとなった。激しい歪みによる暴力性。クリーン・トーンによる繊細さ。円やかに膨らむ中音域の官能性。そして、それらの多彩なトーンを作り出すギタリストのニーズに応えるために、アンプやエフェクターなどの新たな機材が次々と発明され、改良が重ねられていく。演奏法としては、指やピックによる撥弦、指やスライドバーによる押弦、チョーキング／スライド

／ハンマリングオン／プリングオフなどのフィンガリングテクニック、スウィープやタッピングなどの特殊奏法。これらの組み合わせで驚くほど多彩な表現が可能だ。

こうしたサウンドメイクと奏法の革新を経て、ギターはそれ自体の文法や語彙をそなえた表現手段となった。ギターはインストゥルメント（楽器／道具）であることを超えたメディアとなったのである。

◉メディアとしてのギターの誕生

メディアとは本来、人間同士で情報交換を行なうための手段、媒介物（medium）を意味する。だが、いつしか人間はメディアを前提として社会を作り上げると同時に、メディア自体が人間を拡張する機能を担うこととなった。これが、マーシャル・マクルーハンのメディア論の骨子である。あまりにも有名な「メディアはメッセージである」というテーゼは、メディアの形式や方法によって伝達すべき内容（コンテンツ）が規定されることを示す。メディアが現実を構成する現代社会を的確に表現したことばだ。「自動車が生まれるまで、だれも自動車を欲しがりはしないし、テレビの番組ができるまで、だれもテレビに関心をもちはしない」（マクルーハン 71）。つまり、新たな技術やメディアが先に誕生し、それにふさわしいコンテンツは後からついてくる、とマクルーハンはいうのである。

クラシック音楽の演奏は、作曲者が楽譜に書き留めた音楽を再現するプロセスである。その場合の楽器は、イデアとしての音楽（楽譜）と再現された音（演奏）の間で、できるだけ「透明」であることが求められる。楽器の物質性（個体差など）によって再現の質に影響が出ることは極力避けたい。

こうした場では、楽器はメディアたりえないのだ。それに対してギターは、その物質性、非透明性が際立つ楽器だ。さまざまな条件で音が異なり、演奏者もそれを前提とし、ときにはそれを楽しむ。ギタリストにとっては、奏でられる音楽（コンテンツ）に対し、奏でる楽器（メディア）の方が先行するものといってもよい。

ギターにおいてメディアがコンテンツに先行するとはどういうことか。それをよく示すのがブルースブレイカーズにおけるエリック・クラプトンだろう。１９６０年製のギブソン・レスポール・スタンダードをマーシャル１９６２アンプに繋ぎ、ボリュームをフルアップしてオーバードライブさせることで生まれたサウンドは、その後のすべてのロックギターの規範であり出発点となった。だがそれは、何らかの主題やアーティストの内面を表現するために意図して作り出されたものというより、市場に流通している商品の組み合わせによる偶然の産物だった。ようするに、クラプトンはたまたま選んだ組み合わせによって、それ以前にはありえなかった太く甘い雄渾《ゆうこん》な調べを奏でたのだ。

だがその結果として、ギターサウンドに新たな意味が付け加えられ、受容する側の感性も変容していく。ファズの暴力性（たとえばストーンズの「サティスファクション」）とは異なる質の歪みを作り、それを「美」や「爽快感」として感受する感性なくして「哀しみの恋人たち」や「レッド・ブーツ」、さらにはゲイリー・ムーアの「パリの散歩道」やヴァン・ヘイレンの「暗闇の爆撃」などは生まれえなかったはずだ。19世紀の聴衆がカルロス・サンタナのギタートーンを聴いたら、どのような感想を漏らすだろう。少なくともそこに「官能性」を見出すとは考えにくい。「官能的なギターサウンド」というイメージ（イデア）が先に存在し、そのイメージを再現するためにカルロスがヤマ

ＨＳＧをブギーのアンプに繋いだわけではない。それを聴いたわたしたちが、なぜかその音にエロティックなイメージを喚起させられてしまったのだ。それは、わたしたちの感性がメディアによって変容させられた例といえよう。

メディアの発達や都市環境が聴覚と感受性に変容をもたらしてきた歴史は、エミリー・トンプソン『現代のサウンドスケープ』やジョナサン・スターン『聞こえくる過去』などに詳しいが、ギターも60年代以降にそうした感受性の変容をうながしたメディアのひとつなのだ。そしてこのギターのメディア化において、ジェフ・ベックが果たした役割はきわめて大きい。〈メディア＝人間を拡張する装置〉としてのギターの可能性を最大限に引き出したのがベックだからだ。

ギターを一種のメディアとしてとらえることができるのは、それが単体の楽器として存在するのではなく、ギター／エフェクター／アンプという組み合わせによって初めて成立するからである。ギタリストはこの各種装置を有機的に結合し、システムとしてコントロールする存在であり、このシステムをどれだけ効果的に機能させるかによってギタリストの優劣が決まるといってよい。ギターの演奏技術はあくまで、そのなかの一部である。かなり大きな部分ではあるが、すべてではない。

その一方で、シンセサイザーのようにコントロール部（キーボード）と音源がはっきりと分かれているものに比べ、ギターはこのシステム全体の連携度が高い。したがってギター本体の演奏のニュアンスがこのシステム全体の出音に大きく影響する。このギター／エフェクター／アンプというシステムに、ベックはきわめて意識的にアプローチしているのだ（詳細は後述する）。ベックは一時期ギターシンセサイザーを積極的に使用しながらもすぐに放棄してしまった。シンセサイザーは前記のように音源と楽器が分離したシステムであり、ギターシンセもギター部分のコントロールにそれほど依存しない。それはベックにとって、演奏自体の楽しみを殺ぐものだったのだろう。

◉エンコーディングとしてのギタープレイ

情報をメディアに乗せるためそのスタイルに合わせて加工するプロセスをエンコーディングという。そして聴衆の側でメディアの限られた情報から全体像を再構成する作業はデコーディングと呼ばれる。ギターに即していえば、種々の表現技法や既知のフレーズを組み合わせてソロや伴奏を行なうプロセスがエンコーディングに当たり、聴衆がヴィブラート・チョーキングや激しいアーミング、フルピッキングによる速弾きなどを何らかの感情表現として読み解くのがデコーディング、ということだ。

われわれはこうしてメディア上のコンテンツを享受しているわけだが、社会学者のスチュアート・ホールはエンコーディングのプロセスこそが情報／現実を構成していることを喝破した。ギターというメディアは、ギターという楽器本体、各種エフェクター、アンプなどの機材が有機的に連携して成立するものだ。歪みやサスティーンなどをコントロールしてトーンを作り、ディレイなどのエフェクトでその音をさらに加工して、楽曲の魅力を引き立てるためのプレイを構築する。これがギターのエンコーディング・プロセスである。そしてそのエンコーディングにおいては、作り手のオリジナリティと、そのメディア自体の作法や約束事、この両方が作用している。これまたギターに即していえば、独自のギタープレイやサウンドを生み出すための新奇な試みと、ジャンルの約束事や既存のテクニック、サウンドの援用、このどちらかが欠けても成立しないということだ。

独自性だけを追い求めれば独りよがりになり、一方ジャンルや過去の歴史に囚われていては二番煎じになる。

ジェフ・ベックというギタリストは、このエンコーディングのプロセスにおいて余人の追随を許さないのだ。ギターの特性を知悉《ちしつ》しその可能性を最大限に発揮できるという点で、ベックに匹敵するのはジミヘンくらいだろう。「ホエア・ワー・ユー」の驚異的なアーミング・プレイはいうに及ばず、「アンヴィシャス」のビデオ（ベックの数少ないＰＶのひとつだ）で、ジャクソン・ソロイストを文字どおり縦横無尽に弾きまくるオブリガートやソロパート、古いところではヤードバーズ「トレイン・ケプト・ア・ローリン」での列車の汽笛や「フリーウェイ・ジャム」のライヴバージョン（『ライヴ・ワイアー』*Jeff Beck with the Jan Hammer Group Live*, 1977）でのクラクションの音、鳥の声のようなスライドプレイ、そしてもちろん「ジェフズ・ブギー」でのハーモニクスなど、ギターのどこをどう弾けばどういう音が出るかを知り尽くしている。また、先のＰＶでもわかるが、ギタープレイを「見せる」ことにも長けている（この点もレス・ポールに通じるところだ）。

またサウンドメイクにおいても、ピックアップのスイッチングやピッキング・ニュアンスによる幅広いトーンコントロール（「グッドバイ・ポーク・パイ・ハット」のソロは、とてもワン・テイクとは思えない）やギターの特性を活かした音作り（「哀しみの恋人たち」の美しさや「カム・ダンシング」の切れ味の鋭さ）、リング・モデュレーターやトーキング・ボックスなどによる大胆な音変化や変則的なプレイなど、ベックのオリジナリティを挙げていけばきりがない。

◉ジェフ・ベックとギターヒーローの時代

ボーカルはもちろん、ソングライティング、バンド・マネジメント、プロデュース、いずれも苦手だというベックは、ただギターを弾くこと、ギターの可能性を、50年以上に及ぶ音楽キャリアでひたすら追い求めてきた。ベックのギターは「何か」を表現するための手段ではない。逆にギターに徹底的にこだわりその魅力を引き出そうというベックの意志こそが、結果として既存のジャンルやスタイルを超えた音楽を生み出す第一動因となったのだ。

ギターヒーローとは、ギターの奏法やサウンドの革命を通じて、ロックや現代ポピュラー音楽そのものを変革する存在なのだ。リッチー・ブラックモアが西洋古典音楽（クラシック）、とりわけバロック音楽の様式やスケールをロックギターに導入したところから、HR／HMの様式美が確立していく。エディ・ヴァン・ヘイレンはライトハンド奏法（タッピング）で、通常の奏法ではとうてい不可能な幅広い音域をカバーするフレーズを繰り出し、このダイナミズムがイギリスとは異なるアメリカ独自のHR／HMを生み出す原動力となった。スティーヴ・レイ・ヴォーンが半音下げチューニングと極太弦の組み合わせで生み出した切れと粘りを併せもったトーンは、現代的なブルーズにおける必須のイディオムだ。

現代におけるギターヒーローの不在とは、このギターと音楽の同期が失われてしまった状況を示しているのだ。ギタリストは既存のジャンルやスタイルのなかで、自閉的にギターテクニックの誇示、名人芸の拡大再生産に明け暮れている。そうでなければ、ひたすらコードをかき鳴らすバッキングに徹する。それはそれで意味はあるのだが、そこでのギターはもはや、新たなコンテンツやメッセージを生み出すメディアとしての機能を失ってしまったといえる。

それに対して還暦どころか喜寿も過ぎたベックは、今でも新たな音楽スタイルにチャレンジしつづける。『フー・エルス！』以降しばらくはテクノやハウスを大胆に導入した現代的なヘヴィー・ロックを演奏していると思っていたら、久しぶりにリリースした『エモーション・アンド・コモーション』（*Emotion & Commotion*, 2010）ではオーケストラとの共演（「ハマーヘッド」など）やオペラ『トゥーランドット』のアリア「誰も寝てはならぬ」のカバーなどの意表を突いた選曲とアレンジで驚かせる。と思えば、『ラウド・ヘイラー』（*Loud Hailer*, 2016）では女性ボーカリストのロージー・ボーンズを迎えて、11曲中９曲がボーカル入りという、『フラッシュ』以来ほぼ30年ぶりの歌ものロックに回帰してみせた。長年のファンでも予想がつかない新たな展開を次々と繰り出してくるベックだが、その根底にあるのはつねに新たなギターサウンドを生み出そうとする探求心だ。

ギターサウンドの革新とその結果としての新たな音楽の誕生。これが60年代後半以降のギターヒーローの時代を作り上げたものだった。その象徴的存在であるベックは、人間の経験や感覚を拡張するメディアとしてのギターの可能性を追求しつづけている。「ギター・サイボーグ」と呼びたくなるほどギターと一体化せんばかりのその姿と音楽は、社会への反抗とか反権力とか、そんなロックやギターに対する社会的通念を脱構築してしまう。「ＳＦは人間が見たこともない風景を作り出すジャンルであり、プログレは未体験の聴覚体験を与えてくれるジャンル」（増田まもる氏談）であるが、ベックも同様だ。だれも聞いたことがないギターの音を奏でつづけ、わたしたちを新たな音楽世界に導きつづける。

第6章

ロックスターでありつづける困難と覚悟
——マーク・ボランと70年代ロック——

『ザ・スライダー』
ジャケット

マーク・ボラン（T レックス）／ Marc Bolan（Tyrannosaurus Rex）（1947-77）

本名はマーク・フェルド。ロンドンの東欧系ユダヤ人家庭に生まれる。雑誌のモデルなどを経て、65 年にソロデビューするも全く売れず（このとき、敬愛するボブ・ディランの名前をもじり、〈ボラン〉を名のる）。67 年にスティーヴ・〈ペレグリン・〉トゥック（per.）とアコースティック・デュオ「ティラノザウルス・レックス」で再デビュー。その後トゥックからミッキー・フィンにパートナーを変え、さらにドラムとベースを加えて「T レックス」と改名。その直後から『電気の武者』（71）『ザ・スライダー』（72）など次々とヒットを連発。ボランはその美しく妖艶なルックスで、時代を代表するロック・スターとなる。

一時人気は低迷するものの『銀河系よりの使者』（76）で再起を図る。その矢先にロンドン郊外で交通事故により死去。享年 29 歳。

◉ボランについて語ること

マーク・ボラン生誕70年で没後40年の２０１７年、海外ではボラン／Ｔレックスの未発表音源発掘に加え、各種書籍の出版が相次いだ。じつはその5年前の２０１２年にもボランの伝記が複数出版されていたし、２００７年にはボラン／Ｔレックスのプロデューサー、トニー・ヴィスコンティの自伝が出版されるなど、出版界には5年おきにボランの波が押し寄せるようだ。いや、別に5年区切りにこだわらずとも、ボランに関する書籍は長年にわたり、途切れることなく世に出つづけている。いつまでも衰えない人気ぶりなのである。

だがそうしたなかでも、２０１７年は海の向こうのボランファンにとって際立って充実した年だったといえる。ジョン・ブラムリー『マーク・ボラン――美しき夢見人』（John Bramley, *Marc Bolan—Beautiful Dreamer*）とポール・ローランド『メタル・グゥルー――マーク・ボランの人生と音楽』（Paul Roland, *Metal Guru: The Life and Music of Marc Bolan*）、この決定版ともいえる二冊の伝記に加え、ボランの未発表の詩を集めた『マーク・ボラン――生まれついての詩人』（*Marc Bolan - Natural Born Poet: Volume 1*）も世に出た。これは長年のボラン／Ｔレックスの熱狂的ファンであるブラムリーが、自身が収集した資料から編集したものだ。ボランの詩と楽曲についての分析をまとめたカール・イーウェンスの力作『ボーン・トゥ・ブギ』（Carl Ewens, *Born To Boogie: The Songwriting of Marc Bolan*）も10年ぶりに電子書籍で復刻され、手軽に読めるようになったのもありがたい。さらに写真家のキース・モリスが生前のボランと企画していた１９７２年のアメリカ・ツアー記録集『マーク・ボラン――トゥエンティー・センチュリー・ボーイ』（Keith Morris, *Marc Bolan; 20th Century Boy, Red Planet*）もようやく日の目を見ることになった、と発表されたものの、こちらはまたお蔵入りになったようである。

　補足すると、日本でもヴィスコンティの自伝が、原書の出版から10年経ってようやく翻訳された（『トニー・ヴィスコンティ自伝——ボウイ、ボランを手がけた男』）。あとは古本で高値がついているボランの詩集（『マーク・ボラン詩集——ボーン・トゥ・ブギ』）が復刊されれば文句なしだが……。

　『メタル・グゥルー』の著者ローランドは１９７９年に最初のボラン伝『電気の武者』（*Electric Warrior*）を出版し（当時19歳！）、それを機に音楽ジャーナリストとなった人物だ。２０１２年にも『コズミック・ダンサー』（*Cosmic Dancer: The Life and Music of Marc Bolan*）というボランの伝記を出版していたのだが、それが「音楽ジャーナリストの視点」から「批評的」にボランの音楽を分析していることに、自分自身で満足できず、改めて『メタル・グゥルー』を書いたという。このローランドの姿勢が象徴的だが、ボランについて書く者はなぜか、プロアマ問わず〝批評的〟にボランを評価することを避けようとする。またミュージシャン、アーティストとしての分析的評価よりも、マーク・ボランという存在がいかに魅力的かにもっとも関心をよせる。そして実際、マーク・ボランという人物、その人間的魅力に関するエピソードには事欠かない。

◉ボランに魅せられた人々

　ヤードバーズのマネージャーとして有名なサイモン・ネイピア＝ベルは、ボランの最初期のマネージメントも手掛けていた。そのネイピア＝ベルと音楽ジャーナリストであるクリス・ウェルチの共著『マーク・ボラン——ボーン・トゥ・ブギ』（１９８２）で描かれるボランとの出会いのエピソードは興味深い。ある日、突然ボランから電話がかかってくる。「ぼくはこれからスーパースターになるんだ。だからいいマネージャーが必要なんだよ」などと一方的にまくしたてるボランに、ネイピア＝ベルは「じゃあデモテープを送ってくれ」という。すると、「今ちょうど近所にいるからテープを持っていくよ」とボランは電話を切る。ところが10分後にギターを持って戸口に現れたボランは、「じつはテープは作ってないんだ。その代わりに今から歌ってみせるよ」と抜け抜けといい放ち、それから数十分、延々と弾き語りをつづけた。本来こうした強引な売り込みをもっとも嫌うネイピア＝ベルだったが、ボランの魅力的な人柄と独特な歌声の虜となり、その場でスタジオを予約し録音の手配をしたうえ、マネージメントを喜んで引き受ける。その後の短い付き合いのなかでネイピア＝ベルは、ボランの妄想癖や虚言癖、気難しさや傲慢さなどには辟易させられながらも、独特の言語感覚に裏打ちされた詞やユニークな歌声、そして何よりもって生まれたスター性にさらに魅せられていった。

『T・REX』ジャケット

　同じくマーク・ボランの魅力をいち早く見出したのが、プロデューサーのトニー・ヴィスコンティだった。ヴィスコンティとボランの出会いについては前出の自伝に詳しいが、その際にも、プロデュースを申し出たヴィスコンティに対し、ボランは「今週だけできみが8人目だ、昨夜はジョン・レノンもぼくらをプロデュースしたいといってきたよ」などと大法螺を吹く。と思えば、次の日さっそく、今度はスティーヴ・トゥックと二人でヴィスコンティの事務所に押しかけて売り込みをかけてきた。そこでヴィスコンティもボランの強引さと鉄面皮の背後にある稀代のカリスマ性と音楽的センスをすかさず見抜く。そうしてTレックスの成功へと至る栄光の道のりが始まったのだ。

ネイピア＝ベルやヴィスコンティのようにボランと直接かかわりのあった音楽関係者とは異なり、ブラムリーやローランド、ペイトレスなどの評伝は、あくまでファンの立場から、録音や雑誌記事、インタビューなどをつうじて得られた情報をもとに、マーク・ボランの人物像を構築する。だが、そこに現れる人物像には驚くほどブレがない。自信と希望に満ち溢れ、ときには傲慢ともいえるふるまいをしながらも人を魅了するカリスマ性と繊細さを兼ね備えた、天性のスターである。

◉グラム・ロックとスタイル

周知のようにグラム・ロックの〝グラム〟は“glamorous”（魅力的な）の略である。つまり音楽的特徴ではなく外見やスタイルを、さらにはそのアーティストのあり方をさすことばだ。世にロックのサブジャンルは多々あれど、音楽的内容ではなく見た目から呼び名がついたジャンルはおそらく他にないだろう。だが確かに、それがボランやデヴィッド・ボウイの魅力の本質なのだ。音楽をもその一部とする表現のあり方、それがグラム・ロックだからである。だからファンは、ボランという人物に魅せられる。前記のヴィスコンティらの証言も、まさにマーク・ボランという人間そのものが「作品」であることを物語る逸話だ。

ボラン自身が「作品」である、というのはそのキャラクターや言動が演じられたもの、という意味でもある（もっとも、ボランは演じるというより「なり切る」タイプだったようだが）。ネイピア＝ベルによれば、ソロアーティストとしてのキャリアに見切りをつけたボランがスティーヴとティラノザウルス・レックスを結成する際に、それまでの内気な文学青年的といったパブリックイメージを脱ぎ捨て、意識的にヒッピー的な振るまいや装いをまとった。そしてTレックスに改名してエレクトリック・バンドへと路線変更すると、セクシーなロックスター路線へと再度舵を切る。もって生まれたアイドル的な外見（元妻のジューンはブラムリーに、ボランを「すべての女性にとって夢のような、とてつもなく美しい男性だった」と述懐している）に加え、ボランは自分の見せ方に長け、その「売り方」も熟知していた（これは褒めことばだ）。音楽と視覚的イメージが見事に融合して生み出されるGlamour（魅力）がボランの最大の武器だ。

ボランが悲劇的な交通事故で亡くなる直前の77年8月から、ボランがホストを務める番組「マーク」（全6回）が放送された。その第1回（8月24日放送、現在はYouTubeでも視聴可能、ただし字幕なしhttps://www.youtube.com/watch?v=Q0NEfm_Y-io/）の冒頭、「シング・ミー・ア・ソング」を〝グラマラス〟に演じ歌ったボランが、あの物憂げな声としぐさで新人バンドのザ・ジャムを紹介する。カメラが切り替わると、元気よくジャンプする若々しいポール・ウェラーとブルース・フォクストンが映し出され、痛快なロックンロールナンバー「アラウンド・ザ・ワールド」が始まる。わたしが大好きな場面だ。13歳のときにモッズファッションのモデルとして雑誌に登場していたボランだが、このときは豹柄のジャンプスーツを身にまとっている。いかにもモッズらしいザ・ジャムの姿に、ボランは何をどう感じていたのだろうか。もしかれが非業の死を遂げなければ、またモッズファッションに身にまとってみせることもあったのだろうか。

◉ボランへの批判

Tレックスの音楽に対するメディアの決まり文句は、「単調、区別が付かない（samey）」だった。「ゲット・イット・オン」、「テレグラム・サム」、「メタル・グゥルー」、「トゥエンティー・センチュリー・ボーイ」「スライダー」など、いずれもミドルテンポのブギーで、ドラマチックな展開に欠け、ルースな雰囲気もすべてに共通する。ストリングスとサックスを用いたアレンジもとくに凝ったものでなく、下手をするとギターやボーカルのメロディをユニゾンでなぞるだけだったりする。この辺りの、Tレックスやマーク・ボランの音楽性については、ネット上に的確な分析をした記事があるのでご参照を（「ふもと日記」、http://d.hatena.ne.jp/m-riki/20060708。長年のボラン／Tレックスファンでギタリストの著者が「マーク・ボランが音楽的にほぼ素人レベルであったことはまず疑いない」などと容赦なくぶった切っているが、その文章には隅々まで愛情が満ち溢れている。一読の価値あり）。

ティラノザウルス・レックス時代にもすでに、二枚目のアルバム『神秘の覇者』（*Prophets, Seers And Sages, The Angels Of The Ages*, 1968）のレコード評で「人によっては退屈で不快でもったいぶっているると感じるかもしれない」と書かれている。この「もったいぶった（pretentious）」というのも、主としてボランの書く詞についての批判につきまとう決まり文句だ。ブラムリーら同時代からのファンにとってこのメディアの冷遇、揶揄は耐え難く、だからこそボランの死後も忠誠を誓いつづけたファンとしての自負心は、その文章からも強烈に感じとることができる。

このボラン／Tレックス、さらにはグラム・ロックに関する手厳しい評価は、アカデミックな大衆文化研究にも共通するものだ。ディック・ヘブディッジは『サブカルチャー――スタイルの意味するもの』（1979）で、デヴィッド・ボウイがそれまで「抑圧されたり無視されれ」てきた性の問題を初めて主題化したことは評価するものの、「当時の政治・社会問題や一般の労働者の生活などに無関心であったばかりか、彼の美学全体を作り出すために「実」社会と、その「実」社会を普通に描写し、経験し、再生させる平凡な言葉を、故意に回避した」（ヘブディッジ 91-92）と批判している。「明白な政治性や明確な反体制文化」（ヘブディッジ 91）を示さない「グラム・ロックのスーパー・スターたちの傲慢さ、品の良さ、冗長さ」（ヘブディッジ 94）を手厳しく指摘し、その後につづくパンクはあえてグラム・ロックの大げさなことばをアイロニカルに模倣してみせたものだった、と分析がつづく。音楽を社会秩序や権威に対する抵抗のツールとするヘブディッジらの社会学派からは、グラム・ロックにはそうした社会意識が欠如しているように見えていたのだろう。そして確かにグラム・ロッカー、とりわけマーク・ボランにはパンクのような社会的反抗の態度が一見希薄なのは否定しようがない。

だが、このヘブディッジ的価値基準から一歩距離をおいてみると、逆にボラン／グラム・ロックの隠された主題が鮮明に見えてくるのではないか。それは「性」の問題に代表されるような、個人の「生」と向き合う態度だ。そしてそこからは、現代のグローバル資本主義、新自由主義的な社会体制への違和感をよりどころにする新たな「アイデンティティの政治」が立ち現れてくるはずだ。

◉生政治とグラム・ロック

フランスの哲学者ミシェル・フーコーは、近代の資本主義と政治権力が作り上げた、人間の生を管理し統治するシステムを「生政治」と呼んだ。資本主義を拠り所とする近代権力は人間を「生産機関へと身体を管理された形で組み込む」（フーコー 178）。国家と経済にとって価値があるものとして、「生きている者を価値と有用性の領域に配分する」（フーコー 182）。分かりやすくいえば、人間は「労働力」であり「消費者」としてのみ価値を認められ、そのためだけに生きることを許される存在となる。フーコーは、この人間の身体と生の管理のために学校、軍隊、工場などの社会的管理システムが作られたと考える。そして権力が人に死を与えるのは、罰のためではなくシステムにとって無用なものとしての「廃棄」するためなのだ。以上がフーコーによる生政治の分析の概要である。

この生政治的権力は、もっともパーソナルな性の領域すらも管理と搾取の対象とする。現在、旧優生保護法による障害者等への強制不妊手術の実態が明らかになりつつあるが、これがまさしく生政治の本質を露呈している。自民党議員による、女性を「産む機械」とするおぞましい発言もしかり。権力者が性的少数者（LGBT）を抑圧し社会から排除しようとしてきたのも、こうした性的少数者が生産力かつ消費者となる人間の再生産（＝生殖活動）にかかわらないと考えたからだ。近年は逆に、比較的経済力の高い性的少数者に対しては積極的に生政治の領域への取り込み（＝経済活動の主体であり対象、消費者であり納税者とすること）を図っているのも、生政治の醜悪さを示す動きである。

このような、権力によって「生かされている」状態から逃れ、個人の自由な生のあり方を追い求めようとしたのが、50年代のビートニクスであり60年代のヒッピーであった、と今になってみればわかる。法や社会の外に出て、自分の手に自分の生を取り戻す。ドラッグや音楽はそのための手段だった。だが後で見るように、そこにも自由の領域は存在しなかった。

ヘブディッジも認めているように、グラム・ロックは「性」という人間のもっともパーソナルな部分に寄り添う姿勢を一貫してとりつづけた。ボランやボウイ、ブライアン・フェリーなどの性を撹乱するビジュアル・イメージは、生権力による性搾取への抵抗ではなかったのか。そしてこの系譜に連なる日本のヴィジュアル系バンドが、やおい～BL系の二次創作文化と重なる現代日本の文化現象を、女性の側からの生政治に対する異議申し立て、性の主体性の回復としてとらえ直してみることも可能だ。いずれにせよ、旧来の直接的な抗議のみを社会意識の表れとする価値観では、グラム・ロックのみならず、プログレをはじめとする70年代ロックを見誤ることになるだろう。

◉「剝き出しの生」と向き合うこと

現代の生政治は、フーコーの理解以上に複雑かつ巧妙化している。「主権的権力」はその網の目を社会の至るところに張りめぐらす。われわれの生のあらゆる側面が絡めとられ、そこから逃れることは容易ではない。イタリアの哲学者、ジョルジュ・アガンベンはそう分析する。

フーコー亡きあと、生政治について活発に発言をつづけているアガンベンは、古代ローマにおける「ホモ・サケル」(聖なる人間)という存在を鍵として、権力が人間に対し生政治を行なうシステムを考察している。「ホモ・サケル」とは法を犯したために法の外におかれ、法律の適用から外された人間である。法による保護の対象とならないために、「ホモ・サケル」を殺害しても罪に問われない。ところが一方で、法律の埒外におかれることによって神と同列の〝聖なる存在〟となり、儀式の生贄とすることは許されない。儀式や生贄とは殺害者の側を免罪し浄化するためのシステムであるが、「ホモ・サケル」はこの宗教的なシステムからも排除されていることになる。つまり、「ホモ・サケル」の殺害とは、法によっても宗教によっても正当化されえない、「法権利の圏域をも犠牲の圏域をも超過する」暴力をあらわにする存在だ(アガンベン 2003, 123)。これを可能にするのが「主権的権力」、あるいは生権力と呼ばれる力である。

アガンベンは、生権力が法を宙吊りにすることで生みだされる状況を「例外状態」、そこで露わになる人間のあり方を「剝き出しの生」と呼ぶ。権力の根拠とは、いつでも人間を法の外（＝例外状態）に、裸のまま放り出された状態（＝剝き出しの生）におくことができる力、「自分自身や他の者を殺害可能かつ犠牲化不可能な生として構成する能力」（アガンベン 2003, 144）なのである。アガンベンはこの生権力への抵抗を人々に呼びかける。

この例外状態と剝き出しの生が現代社会で露呈する例として、映画『イージー・ライダー』（1969）を参照してみよう。コカインの密輸で大金を得たワイアット／キャプテン・アメリカ（ピーター・フォンダ）とビリー（デニス・ホッパー）がバイクでニューオーリンズに向かう。その道中、微罪で投獄された獄中で弁護士のハンセン（ジャック・ニコルソン）と出会い、意気投合したハンセンも二人と旅に出ることになる。法の側にいたハンセンが法／社会の外に出て、ワイアットらとともに例外状態に身を投じるのだ。そしてハンセンが襲撃されて殺害されるのも、キャプテン・アメリカとビリーが理由もなく射殺されるのも、まさにアガンベンいうところの剝き出しの生の状況におかれたがためである。そして彼らは「ホモ・サケル」であるため、彼らを殺した人間たちが罪に問われることはない。

『イージー・ライダー』の主人公たちは生権力によって法の外におかれたのではなく、自身の選択で「アウトロー」となった。それは生政治によって「生きさせられている」生のあり方を脱却するためだ。だがそれはすなわち生権力によって生み出された例外状態のなかで、「剝き出しの生」として暴力に晒されることでもあった。かれらは自らの死と引き換えに「剝き出しの生」を露呈させ、現代社会における生権力の振舞いを暴いてみせたのである。

ボランも、おそらく無意識であり偶然ではあろうが、このアガンベン的な抵抗戦略と重なり合う方向に向かっていた。それはヒッピーのように社会に背を向けるのではなく、資本主義システムの生み出した音楽ビジネスの内部にとどまりながら、生政治の前提となる「有用性」に基づく価値観を脱臼させるという、ボラン流のロックのあり方だった。

ボブ・ディランに傾倒していたボランも、ビートやヒッピー的な生き方に憧れていたという。だが、それは決してボランの本質ではなかったのだ。だからヒッピー的価値観に彩られたティラノザウルス・レックスの歌詞と音楽をボランはあっさりと擲《なげう》ち、中性的なイメージやけばけばしい化粧によって、グラム・ロックという新たな領域を切り開いてみせる。そして『ズィンク・アロイと朝焼けの仮面ライダー』(*Zinc Alloy And The Hidden Riders Of Tomorrow Or A Creamed Cage In August*, 1974)以降は、愛人となったグロリア・ジョーンズの影響から、ゴスペルやR&Bのテイストを取り入れたファンキーなサウンドに変貌していった。このボランの軌跡に一貫した社会意識や政治的主張を見出すことは難しい。それよりも、このボランの一見行き当たりばったりな音楽的キャリアは、ロックという音楽を「手段」とすることの拒否、ロックを「生きる」態度の表れと考えたい。

◉ロックスターでありつづけること

ボランは、あくまで〝ロックスター〟でありたかった。ロックという音楽で「何か」を訴えるのではなく、「ロック」を体現する存在となる。そのロックとは、『イージー・ライダー』の主人公たちのようにアウトロー＝ホモ・サケルとして「剝き出しの生」と暴力に晒されることなく、主権的権力の手をすり抜ける生き方の謂いである。

アガンベンは、人間を人間たらしめるのは「無為」の身振りである、という（アガンベン 2011, 131）。ハイデガーが「倦怠」とよんだ、為すべきことをもたない状態に囚われた状態。それに耐えること、それを主体的に引き受けることで、「新たな至福の生を享受する」ことが可能となる（アガンベン 2011, 150）。

ボラン／Tレックスによる「サマータイム・ブルース」のカバーを初めて聴いたとき、この曲の主題である不合理な現実への憤りを「退屈」に表現しているのに驚いた。ひたすら単調なリズム、抑揚を欠いた歌唱、そしてドラマチックな展開の欠如（オリジナルもほとんどのカバーも、ブレイクなどを用いて、歌詞に登場する上司の台詞の部分を際立たせているのとは対照的だ）。ひたすらけだるく退屈そうに歌いつづけるボランは「倦怠」や「無為」を体現している。そう考えたとき、Tレックスの単調なブギー・リズムもまさにこの延長線上にあることが理解できたのだ。

スターになることよりも、スターで「ありつづける」ことのほうが困難だ。スターになるという目標を達成した後、そのゴールの向こうでスターの地位を維持する動機をいかにもちつづけるか。ロックスターをめぐる物語につきまとうこの葛藤を、ボランも身をもって経験したはずだ。そしてかれは最後まで、スターでありつづける覚悟を捨てなかった。

1972年頃をピークにTレックスの人気も売上も下降し、それにしたがってメディアでの、ボランの音楽への酷評やプライベートに対する当てこすりも増えていった。それでも、ボランはスターであることを諦めなかった。音楽制作を継続し、不摂生でたるんだ身体も子どもの誕生を期に引き締めなおし、再び精悍なロックスターのイメージをまとうために努力した。その甲斐あって

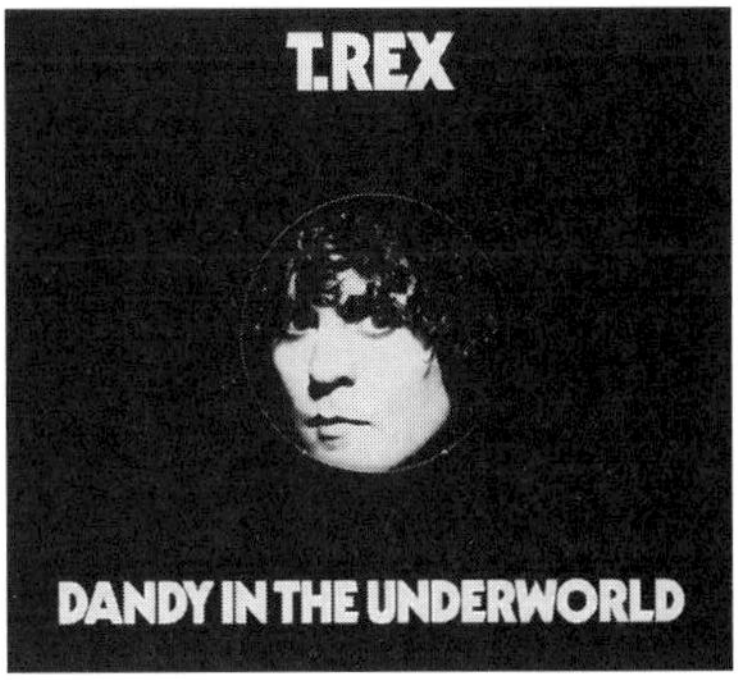

『地下世界のダンディ』ジャケット

『銀河系よりの使者』（*Futuristic Dragon*, 1976）からのシングル「ニューヨークの貴婦人」が久々のヒットとなり、つづくアルバム『地下世界のダンディ』（*Dandy In The Underworld*, 1977）も好評、テレビ番組のホストも務め、まさに復活へと大きく前進した矢先の不慮の死だった。

何のためにボランはロックスターでありつづけようとしたのか。そこには、おそらく明確な理由はない。どの自伝を読んでもボランがロックになぜ向かったのかは、正直よくわからない。ただ単にロックのカッコ良さに惹かれたから、ロックスターの華やかさに憧れたからかもしれない。だが明確な目的を欠きながら、それでもロックに生きようとしたボランに、60年代的な理想を見失いながらも、それでも音楽としての魅力、輝きを確かに備えていた70年代のロックが凝縮されている。

第7章

ピート・タウンゼンドの〈ユメ〉と〈ウソ〉
——メタフィクションとしての『四重人格』——

『四重人格』ジャケット

ザ・フー／The Who

1961年にロジャー・ダルトリー（vo.）とジョン・エントウィッスル（b.）を中心にバンド結成、翌年ピート・タウンゼンド（g.）が参加し、1964年にバンド名を「ザ・フー」とする。同年キース・ムーン（dr.）が加入。65年にデビューを果たす。
「マイ・ジェネレーション」のヒットによりモッズ・バンドとしての地位を築き、ロック・オペラ『トミー』（69）と『ライヴ・アット・リーズ』（70）、ウッドストック（69）とワイト島（70）の両フェスティバルでの圧倒的なステージなどにより、ビートルズ、ローリング・ストーンズと並ぶイギリス三大バンドの一つに数えられるようになる。

78年にムーンが急死。82年にいったん解散するが、85年のライヴ・エイドを機に再結成。2002年のエントウィッスル急死後も、ダルトリーとタウンゼンドを中心に活動を続け、19年暮れに新作『WHO』を発表した。

ザ・フーのギタリスト／コンポーザーであるピート・タウンゼンドは、１９８５年に初の著作『四重人格（*Horse's Neck*）』を発表した。収められている作品は合計13編。小説という形式からはやや遠い、超現実的なイメージとグロテスクな抒情性に彩られた散文と、ザ・フーの楽曲であってもおかしくないような精選されたことばで綴られた詩で構成されている。そしてこの作品群に散りばめられた鮮烈なイメジャリー、立体感をもった人物造形、そして独特な比喩表現などには、ロックミュージシャンの手慰みの域をはるかに超えた表現力とエネルギーが満ちているのだ（以下、この短編集を同名のアルバムと区別するために、原題の『ホーセズ・ネック』と表記することとする）。

一方、２０１２年に発表されたピートの自伝 *Who I Am* は、とても本人が書いたとは思えないほどに、自分自身やそのおかれた状況を客体化する視点が特徴的だ。複雑な家庭環境や幼年時代の記憶、ザ・フーでのメンバー同士の確執、そして自らの幼児ポルノ所持事件までを、冷静かつ客観的な筆致で書き綴っている。その抑制された語り口は『ホーセズ・ネック』の奔放さとは対照的だ。だが、自伝のエピソードと『ホーセズ・ネック』の各作品を照合してみれば、そこには多くの共通点があることは一目瞭然だろう。ピート自身が序文で語っているように、『ホーセズ』は自己の個人的来歴そのものではなく、その過去がもたらした「さまざまな感情の広大な世界」をえがいたものだ。つまりは自伝的なモチーフの変奏と考えればいい。

そしてここでさらに重要なことは、自分の過去と向き合うためにピートが最初に自己表現の手段として選んだのが、自伝ではなくフィクションだったという点だ。それはさらにさかのぼれば、アルバム『四重人格』（*Quadrophenia*, 1973）でザ・フーというバンドと向き合い虚構化した試みに端を発している。こうした自己の虚構化のプロセスをへてはじめて、自伝での冷徹な自己認識と許容が可能になったのではないだろうか。

そしてこのピートの、『四重人格』にはじまり自伝へといたる自己認識の旅は、じつはこの『ホーセズ』執筆時期のイギリス現代小説の新たな潮流と符号している。のちほど紹介するように、70年代後半から80年代にイギリス文壇は数多くの新たな才能の登場によって活況を呈するが、その多くが自己や歴史の虚構性を露呈するメタフィクションであった。なぜこの時期にイギリスでメタフィクションが興隆をみせたのか。その時代的・社会的背景と意義を問いなおすことで、ザ・フーの『四重人格』という稀代の傑作が可能となったその背景もみえてくるにちがいない。

◉メタフィクションとは何か

アメリカの小説家ウィリアム・ギャスが1970年に書いたエッセイのなかではじめて使われたとされるこの用語は、一般的には小説の虚構性を前景化する小説をさすものと理解されている。小説は言語による構築物であり、決して現実の世界や人間をリアルに活写するものではない。小説がどのようにみずからを小説として構築していくか、そのプロセスを小説としてえがく。それがメタフィクションである。

そしてメタフィクションは、現実すら言語による構築物であることを逆説的にしめす戦略でもあった。代表的な作品としては、ホルヘ・ルイス・ボルヘスの『伝奇集』に収められた「バベルの図書館」（1941）や、ウラジーミル・ナボコフの『青白い炎』（1962）、カート・ヴォネガットの『スローターハウス5』（1969）、イタロ・カルヴィーノの『冬の夜ひとりの旅人が』（1979）などがある。これらの作品はいずれも、現実と虚構のヒエラルキーが完全に瓦解していくプロセスを、その小説自体が小説というジャンルそのものへの言及、あるいはそれからの逸脱という形をとって表現しているのだ。

そうしたメタフィクションの本質をみごとに体現している例として、レイモンド・フェダマンの『嫌ならやめとけ』（1976）と円城塔の『オブ・ザ・ベースボール』（2008）を挙げておきたい。前者は作者の分身である語り手が過去の軍隊経験を小説として書こうと悪戦苦闘し、結局は失敗するプロセスを面白おかしくえがきだす物語だが、そこでしめされているのは表象の不可能性という主題である。そこにはユダヤ人であるフェダマン自身のホロコースト体験がある。両親と姉妹をアウシュヴィッツで虐殺され自分ひとりが生き残ったという悲劇をどうしても物語化できないという苦悩が重ねあわされているのだ。また円城の作品は、どこからどうみても野球とは似ていない不可思議なスポーツのような何かについて書かれた、これも奇妙奇天烈な作品だ。そして語り手兼主人公が繰り返し発する「なぜ自分はベースボールをしているのか」という問いが、そのまま「なぜ自分は小説を書いているのか」という作者、というより作家にとっての普遍的な問いへとずらされていく。いずれもメタフィクションの本質を小説という形式に結構させたみごとな例である。

『キッズ・アー・オールライト』
ジャケット

構造主義以降の現代思想では、現実も言語をつうじて認識し構築されるものとされている。つまり虚構は現実を映しとるものではなく、この両者に本質的な差異はないということだ。このあまりにラディカルな思想は、80年代以降の日本におけるポストモダニズム理解に数多くの功罪をもたらした。それは現在でも、一部のポストモダン論者の間では根強く信奉されており、また近年では往々にして、「作者が自作品中に登場して神のごとく振舞う」という安易な図式化に堕してしまうことも多くなっている。

しかしながら、少なくとも70年代から80年代の多くの小説は、洋の東西を問わずなんらかの形でメタフィクション的性質をそなえていたといってもよいだろう。映画や音楽などのメディアが隆盛を誇る現代に、「なぜ自分は小説という表現形式を選びとっているのか」という問いと向き合うことが小説家にとって必要だったからだ。だがこれは、現代に限らず小説家であればつねに向き合わねばならない問いなのかもしれない。マーク・カリーやパトリシア・ウォーなどのメタフィクション論者は「小説とはそもそも多かれ少なかれメタフィクションである」とまでいうほどだ。小説以外の20世紀以降の現代芸術においても、たとえば最近何かと話題となっているストリートアーティストのバンクシーも、絵画という制度をめぐる疑問や問いかけがそのまま制作活動として表象されている例だろう。

そしてラリイ・マキャフリイが『メタフィクションの詩神』（1982）でいうように、メタフィクションとは、われわれが「自然」と思い込んでいるものが所与の「制度」でしかないこと、その歴史性を暴きだす戦略なのである。ピート・タウンゼンドも、音楽やことばをつうじて、ロックやフィクションの構築性や制度性を前景化しているのだ。

◉ロックにおけるメタフィクション

ロックというジャンルで、自分自身の選びとった表現形式の妥当性を問う、その表現の前提を前景化する、というこのアポリアと向きあったアーティストはこれまでどれほどいたのだろうか。ロックを自明のものとせず、なぜ自分はロックという表現手段を選びとったかについて、自覚的に問いつづける作品をつくる。そうした意識的なアーティストとして、ルー・リードやブルース・スプリングスティーンなど幾人かの名前は挙がるだろうが、決して多くはなさそうだ。そのなかのひとりが、本章の主役であるピート・タウンゼンドであることは言を俟たない。

ピートのメタフィクション性については、和久井光司も未完成作品『ライフハウス』の構造にからめて以下のように指摘している。

> 『フーズ・ネクスト』に収録されたナンバーの歌詞をみれば、タウンゼンド自身も60年代的な〈ユメ〉や〈ウソ〉を突き放しているのが判るが、実は『ライフハウス』の構造も、《60年代的な〈ユメ×ウソ〉を突き放すスーパースターが、巨大音楽産業の〈ユメ×ウソ〉や、それに踊らされた聴衆の個人主義に殺される》というものだった。メタ・フィクション（ママ）的な〝入れ子の構造〟なわけである。（『ザ・フー　アルティミット・ガイド』30-1）

ここで和久井のいう〈ユメ×ウソ〉とは、佐藤良明が『ラバーソウルの弾みかた』のなかで、ジョン・レノンと「愛こそはすべて」に関連して提示した概念である。〈ユメ〉とは理想主義的な態度のこと（現実主義的な〈サメ〉と対になるもの）であり、それを真剣に表現すれば〈マジ〉であり、どこか斜に構えた態度であれば〈ウソ〉となる。「愛こそはすべて」はジョンが理想主義を斜に構えて表現した《60年代的な〈ユメ×ウソ〉》だったのだが、ここで和久井はピートも同じく〈ユメ×ウソ〉の表現者、理想主義者である一方で覚めている、とみなしているわけだ。この〝自分のえがきだす〈ユメ〉に対して一歩引いたスタンスをつねにとる〟というピートのメタフィクション性が、まさに『ホーセズ・ネック』の核となっている。

◉『ホーセズ・ネック』

まずは、この一風変わった書物について掘り下げるところからはじめたい。序文によれば、本書に収録された作品は「一九七九年から八四年にかけて書かれた」という。この時期のピートは、盟友キース・ムーンの死（78年）、コカイン過剰摂取による生命の危機（81年）、そしてザ・フーの解散（83年）という、人生最悪といっても過言ではないほどの状況のなかにあった。そしてサイコセラピーをつうじて幼児のトラウマ体験（おそらく性虐待）をはじめて自覚したのも、ちょうどこの時期（82年）だ（*Who I Am*, 16）。ピートはこの幻想と現実の混交した文章をつうじて自己や家族を虚構化し、そのプロセスをつうじてようやく自己と向き合うことができたのだ、ともいえる。

本書の核にあるのは、両親をめぐる幼少期の記憶である。自伝で語られているように、ジャズミュージシャンである父親は音楽活動のために留守がちであったという。もともとは歌手であった母親は結婚と子育てのために音楽の道をあきらめ、そのために鬱屈をかかえていた。その結果、母はデニス・ボウマンという男と不倫関係をもち、一時は離婚まで考えるにいたった。結局は父が離婚を肯んじなかったためにそのまま夫婦生活は継続されることになるのだが、幼いながら両親の不和に心を痛めていたピートには、父の不在と母の愛情への飢えからくる不安が生涯つきまとうことになる。

冒頭の「13歳」で馬を走らせる両親の姿は、実際に2歳のピートが見たと記憶している光景だそうだ（場所はブライトンの海岸だった、と自伝には記されている）。「約束」という短編は、母が息子に向けて書いたラブレターめいた奇妙な手紙と、その手紙を受け取った「彼」と「わたし」の短い会話で成り立っている。この「母」は、ピートの実母と、やはり性的に奔放な人生を歩んだ祖母を反映したキャラクターであろう。とすれば、この「わたし」と「彼」はいずれもピート自身の分身だ。つまりこの短編は、自他の区分が不分明なこの状況で、もうひとりの自己ともいえる「彼」との対話をつうじて記憶を再構成し、そこからその意味を問いなおす営みなのである。

ブライトンの海岸（著者撮影）

　そうして各作品を眺めていったとき、このタイトルの「馬の首」のあからさまともいえるほどの隠喩性があきらかになってくる。馬が重要なイメジャリーとなっていることは訳者あとがきでも指摘されているが、それが象徴するものは最後の2編、「歌にならない歌」と「ラグーナ」であきらかになる。それは自分がもっとも愛しているもの、「禁断の愛」の対象であり、フロイト的にいえばエディプス的欲望の対象、つまりは「母」である。だがもちろんそれは、ピートの実母その人ではない。実母や祖母に代表される、「母」の役割よりも「女」であることを優先した女性たち、ピートが求めてやまなかった愛情を与えてくれなかった存在の集合的メタファーである。そしてこの「母」への禁じられた愛は、もうひとつの「獣姦」というおぞましい性のあり方へとずらされることで隠蔽される。

しかしながら、本書におけるこのフロイト的な隠蔽のメカニズム、隠蔽しながら露呈する、あるいは隠蔽そのものが欲望の露呈であるという逆説は、あまりにあからさまだ。おそらくピート自身がそのメカニズムに対して自覚的であるのだろう。ここで先に和久井が示した図式に従えば、まさに〈ユメ〉としての文学的表現の下に潜むピートの欲望が、ピート自身の〈ウソ〉っぽい手続きによって暴露されている、ということだ。だがその〈ウソ〉っぽさ、あるいは〈ユメ〉×〈ウソ〉という組み合わせ方こそが60年代的、ひいてはロック／ザ・フー的な自己顕示のメカニズムであり、ピートのメタフィクション性である。それを最初に、ザ・フーの音楽的実践として表現してみせたのが、アルバム『四重人格』なのだ。

◉『四重人格』の物語

1972年に『四重人格』の制作に取りかかった頃、ピートとザ・フーは疲弊の極にあった。『トミー』(*Tommy*, 1969)と『ライヴ・アット・リーズ』(*Live At Leeds*, 1970)の大成功により、バンドはビートルズやストーンズと並びたつロック・アイコンとなり、メディア出演や世界各地のツアーにひっぱりだことなる。その一方で、『ライフハウス』の制作とその中止の過程で周囲との軋轢が悪化し、それは家族や友人とのプライベートな人間関係にも影響を及ぼしはじめていた。そうしたなかでピートは、これもやはり頓挫した「ロック・イズ・デッド」という企画で考案されたメンバー四人の人格を兼ねそなえた「トミー」というキャラクターに想を得て、「ジミー」という少年の物語を書きはじめる。「若きモッズ、希望もなく、岩の上で雨に打たれ、これまでのみじめな人生を思い起こしながら、かつて彼自身のことを歌っていると信じたバンドの四人のメンバーによる救いをもとめている、かつて愛しそして失ったそのバンドによって」(*Who I Am*, 245)。こうして『四重人格』のコンセプトが形を整えていった。

『四重人格』のストーリーを簡単に要約すれば、モッズ少年ジミーの孤独と絶望、そして破滅のなかの覚醒へといたる物語、となるだろう(以下、ストーリーの各部分に対応する楽曲名を括弧内で示す)。主人公ジミーは労働者階級のモッズ少年で、アンフェタミン中毒による人格障害を患い治療中である(「ぼくは海」、「四重人格」)。そして医師や家族など周囲の人々に対しては、かれらが自分を枠に押しこめようとするのに強く反発を覚えている(「リアル・ミー」)。ある日ジミーはモッズに人気のバンドのコンサートに行き、その傲慢な態度や皮相的な反抗のポーズなどに幻滅を覚える(「少年とゴッドファーザー」)。そしてモッズの一員としてふるまっている自分自身に対しても、徐々に違和感を覚えはじめる(「ぼくは一人」)。かといって、社会に順応して人なみに仕事につき平凡な人生を送ることにも我慢ならない(「ダーティー・ジョブス(汚れた仕事)」、「ヘルプレス・ダンサー」)。

そうしたなかで、たまたまハマースミス・オデオンで開かれていたザ・フーのコンサートを体験したジミーは衝撃を受ける(「イズ・イット・イン・マイ・ヘッド(ぼくの頭の中に)」)。ザ・フーの音楽の解放感や自由を知ってしまったかれにとって、日常はより耐えがたいものとなっていく(「アイヴ・ハッド・イナフ(ぼくはもうたくさん)」)。恋人の裏切りなどによりさらに追い詰められたジミーは、かつてモッズの仲間たちと過ごした思い出の地であるブライトンの海岸にひとり列車でむかう(「5：

15（5時15分）」、「海と砂」）。だがそこで目撃したのは、モッズのリーダーでジミーのヒーローだったエース・フェイスがホテルのベル・ボーイとして働く姿だった（「ドゥローンド（溺れるぼく）」、「ベル・ボーイ」）。

どこにも現実から逃れるすべはないと悟ったジミー（「ドクター・ジミー」）は、ひとりボートで沖合の岩場にたどりつき、そこで自ら命を絶とうとする（「ザ・ロック」）。だがそこで雨に打たれ死を覚悟したジミーに、突然の啓示の瞬間が訪れる。そして「愛よ、ぼくを支配してくれ、雨のように降り注げ」というジミーの叫びでこのロック・オペラは幕を閉じる（「愛の支配」）。

本アルバムでは、ピートのテーマである「愛の支配」が全体を貫く主題として、冒頭から終幕まで繰り返し登場する。そして「四重人格」でロジャー（「ヘルプレス・ダンサー」）、キース（「ベル・ボーイ」）、ジョン（「ドクター・ジミー」）、そして「愛の支配」のテーマがそれぞれ提示される。こうしてモチーフによって統合された構造そのものが、本作がロック・オペラたるゆえんであろう。

◉メタフィクションとしての『四重人格』

タイトルでもあり本作の中心的アイデアである「四重人格」は、ピート自身のことばを借りれば、ライナーノーツの最後に列挙される人格であり、それはそのままザ・フーそのものである。タフガイのダンサー（a tough guy, a helpless dancer）がロジャー、ロマンチスト（a romantic）はジョン、どうしようもない変人（a bloody lunatic）はキース、物欲しげな偽善者（a beggar, a hypocrite）がピート。そしてこれらはジミーの多重人格であると同時に、自身のなかにある要素でもあるという（*Who I Am*, 253）。つまりこの作品こそが、『ホーセズ・ネック』でふたたび試みられることになる、ピートの自己セラピーのはじまりだったといえるのだ。

そしてこの作品が決して大団円でもハッピーエンドでもないのは、この四つの人格が統合されることなく終わりを迎えるからだ。「愛の支配」はジミーの願いであり物語の冒頭から登場する音楽的モチーフだが、他の三つの人格／モチーフは「ヘルプレス・ダンサー」の終盤近く、「キッズ・アー・オールライト」の一部が遠くから響く部分（これがハマースミス・オデオンでのザ・フーのコンサートの場面）から、明確な輪郭をもちはじめる。つまりそれまで不定形であった不安や抑うつが、ザ・フーの音楽との出会いをきっかけに、多重人格＝解離性同一性障害における交代人格としての形をとりはじめるのだ。さらに「愛の支配」のテーマが主人格として最初から存在するのではなく、残る三つの交代人格が形成されてはじめて、「愛の支配」もひとつの人格として姿を現す。

だが、この障害は治癒し人格は統合されることはない。そもそも、その人格の統合はジミー／ピートのめざすべきゴールではないのだ。それは『四重人格』の曖昧なオープンエンディング自体が、この前提に疑問をなげかけていることからもわかる。交代人格はその人が日常の辛さや不安を乗り越えるための手段として作りあげるものなのだ。それを無理やり消去するのではなく、それらと折り合いうまく付きあっていくことで負の感情を和らげていく。それが解離性同一性障害の治療だそうである。だとすれば、まさにそれはザ・フーという集合体のあり方そのものではないのか。

四人の強烈な個性と卓越した演奏能力。それがザ・フーの最大の魅力だ。リズムセクションというよりリード楽器の機能を果たしているドラムとベース、ドラマチックで芝居がかった、表現力豊かなボーカル、そしてリズムキープに徹しながらも派手なアクションで魅せるギタリスト。これらが融合するというより、自己主張し合いせめぎ合いながら、バンドの音を作りあげていく。そのなかで全体を俯瞰し進行方向やスピードを細かに調整する役割を果たしているのがピートのギターである（キース・ムーンがいかにタイムキープを苦手としていたかは、ピートの自伝でも繰り返し語られている）。「愛の支配」のテーマが全体を覆うように、ピートのギターはバンドアンサンブルの隅々に気を配りながら全体を統合する。だがそれはバンド全体を支配するのではなく、各パート、各メンバーをつなぎとめる役割をはたしているのだ。

このように『四重人格』というアルバムは、ピートとザ・フーの過去と現在を主人公ジミーの苦悩と受難に重ねあわせながら、その存在の本質にある分裂を引き受け、その先に救済が訪れる、という主題を描いた作品なのである。その分裂を本質とするあり方がザ・フーそのものであり、それを作品そのものの構成に結実させた『四重人格』は、ロックにおけるメタフィクションの可能性をみごとにみせてくれた。

このアルバムを最後にザ・フーは、『ザ・フー・セル・アウト』（*The Who Sell Out*, 1967）にはじまった一連のコンセプトアルバム路線から離れる。次に発売されたアルバムのタイトルが『ザ・フー・バイ・ナンバーズ』（*The Who By Numbers*, 1975）と題されたのはまさに象徴的だ。"by numbers"とは「型通りに」「ひとつひとつ確実に」という慣用句であると同時に「楽曲単位」、つまりまずアルバムありきではないことを含意するからだ。だが、それからほどなくしてキースの突然の死により、バンドはいったん終焉を迎えることになる。

◉現代イギリス社会とメタフィクション

最後に、この『四重人格』から『ホーセズ・ネック』へといたるピートの精神的遍歴が、同時代の文脈におかれたときに何を意味するのかについて考察してみたい。

１９８３年、イギリスの文芸誌『グランタ』の第7号で、「英国若手小説家精選」（Best of the British Young Novelists）という特集が組まれた。「四十歳以下の二十人」（Twenty Under Forty）とも称されたこの企画は、今では文学関係者のあいだでは伝説となっているものだ。それはここで選ばれた多くの若手作家が、その後のイギリス文壇のみならず、世界の文学をけん引する大作家へと成長していったからである。*註

マーティン・エイミス（*Money* 1984, 未訳）を筆頭に、パット・バーカー（『アイリスへの手紙』１９８２）、ジュリアン・バーンズ（『フロベールの鸚鵡』１９８４）、ウィリアム・ボイド（『アイスクリーム戦争』１９８２）、カズオ・イシグロ（『遠い山なみの光』１９８２）、イアン・マキューアン（『時間のなかの子供』１９８７）、サルマン・ラシュディ（『真夜中の子供たち』１９８０、『悪魔の詩』１９８９）、グレアム・スウィフト（『ウォーターランド』１９８３）、A・N・ウィルソン（『愛の癒し』１９８０）など、この『グランタ』の特集の前後に相次いで代表作を世に送り出している作家たちばかりである。変わり種としては、ビートルズやポール・マッカートニーの伝記で有名なフィリップ・ノーマン（『シャウト！ザ・ビートルズ』１９８１）も、この『グランタ』に創作短編を寄稿している。

この『グランタ』から認められていった作家たち、とくにジュリアン・バーンズやクリストファー・プリースト、カズオ・イシグロらは、信頼できない語り手やインターテクスチュアリティなどの技法を駆使しながら、現実とその言語による構築物（フィクション）の問題を中心に据えるメタフィクションを得意とする。なかでもプリーストの『是認』（*The Affirmation*, 1981、未訳）は、70

『フー・アー・ユー』ジャケット

年代のイギリス病と呼ばれた経済的不況の時代の若者たちの絶望感、社会への不信を、フィクションによる現実の侵食として描きだしてみせた傑作であり、『四重人格』とその主題やトーンがきわめて近い。失業し恋人も住居も失った主人公の青年が書き綴る自伝的物語が、いつしかまったく架空の世界（夢幻諸島とよばれるプリースト独自の世界）を舞台とする別の男の物語へと横すべりしていく。この二つの物語がお互いを侵食しながらも、この二つの世界／物語は決して統合されることはない。それぞれが対等かつ相互依存的なものとして、しかしながら交じりあうことはなく、この『是認』という物語を構成するのだ。

ジュリアン・バーンズの『フロベールの鸚鵡』や『10 1/2章で書かれた世界の歴史』（1989）も、歴史や過去の文学作品についての記述をつうじて、現代の視点、意識こそがその過去や歴史を成立させているのだということをしめすメタフィクションであった。同様の文学的意識は、カズオ・イシグロの客観性を装った語り手自体が物語の焦点となっていく入れ子構造にも見てとることができる。このように80年代のイギリス現代作家たちは、語りによって世界や自己が構築されていくプロセス自体を描きだしていた。それはイギリスの暗黒の時代に生きる若者たちの、現実と折りあいながら生きていくギリギリの戦略だったのかもしれない。現代日本で異世界転生の物語が流行しているように、現実での生きづらさを異世界、現実と同等の存在感をもつ虚構世界を生みだすことでやりすごしていたのだろうか。

こうした文脈にピート・タウンゼンドの『四重人格』と『ホーセズ・ネック』をおいてみれば、これらも同様に現代における生きづらさを乗りこえる試みであったことがわかるだろう。現代的自己と虚構の関係性を軸にすえ、さらにそれをロックという音楽、ザ・フーというバンドの成り立ちと重ねあわせることで、ロックの可能性を突きつめようとした。さらに、ピート自身の精神的遍歴が、そのままザ・フーの特異性とアイデンティティの表出、そしてロックという音楽の本質をめぐるコメンタリーともなっている。

『四重人格』はまさにロックにおけるメタフィクションはかくあるべし、を示した作品である。昔からのファンも改めてもう一度、『ホーセズ・ネック』とあわせてじっくりと向かいあってみてほしい。あらためてピート・タウンゼンドという稀代の表現者の作家性を堪能できるはずだ。

＊註　この特集を企画したのは、のちにジャーナリストとして名を馳せるビル・ビュフォードであった。１９５４年生まれのビュフォードも当時20代後半、時代の最先端の文学をいち早く紹介しようという意図からの企画だったかと思いきや、じつはマーケティングの専門家によるビジネスプランとしてスタートしたものだった、とビュフォード自身が回想で明かしている（"Then and now: Granta's best young British novelists," The Guardians, ２０１３年４月６日付の記事を参照。https://www.theguardian.com/books/2013/apr/06/then-now-granta-best-novelists）。

【コラム】

倒錯という戦略
——ブラック・サバスとH・P・ラヴクラフト——

◉クトゥルーとヘヴィーメタルの倒錯性

アメリカの代表的な文芸叢書「ライブラリー・オブ・アメリカ」が、2005年にH・P・ラヴクラフトをラインナップに加えた（*H. P. Lovecraft: Tales*, 2005）。ラヴクラフトという、それまで主流文学からは無視され蔑まれてきた作家が、ようやく正当な評価を受けるときがやってきたのだ。さらにグレアム・ハーマンの『おぞましきリアリズム――ラブクラフトと哲学』（2012）などの本格的なラヴクラフト評論の出版もつづき、いまやラヴクラフトとクトゥルー神話はアカデミアでも真剣に論じられる対象となったのは間違いない。

一方、ヘヴィーメタルという音楽も長らく、いわゆるシリアスなロックファンやメディアからは侮蔑の対象だった。その古典的ヘヴィーメタル研究（『ヘヴィメタル――その音楽と文化』、1991）の冒頭で、ディーナ・ワインシュタインはメタルに浴びせかけられてきたありとあらゆる罵詈雑言の例を列挙してみせている。だがメタルという音楽も、このワインシュタインやロバート・ワルサー（『悪魔とドライブ』1993）らの真摯な研究によって、文化的・社会的な研究領域と認められるようになってきている。

そもそもなぜラヴクラフトとメタルをここで論じるのか、という疑問のむきもあるだろう。じつはクトゥルフメタルというジャンルすらあるように、多くのメタルのアーティストたちが、クトゥルーやラヴクラフトを愛好しその世界観や主題を積極的に取り込もうとしている。それほど、この二つのジャンルには親和性があるということだ。この点については、岡和田晃が「ロックミュージックとRPG文化」について論じる連載の最終回、「ブラック・メタルのイデオロギーと、世界に広がるクトゥルフメタル」で、悪魔崇拝、戦争讃美、ナチズムなどの「欧米の日常的な生活倫

『黒い安息日』ジャケット

理からはみ出す」ヘヴィーメタルバンドを採り上げ、それをクトゥルフメタルに接続してみせた。岡和田は反社会性、反倫理性がクトゥルーとメタルを接続するコンテクストであり、その本質においてこの両者は通底しているのだ、という。それは別のことばでいえば「倒錯性」ともいえるだろう。

そこでまずは、悪魔的なヘヴィーメタルの創始者ともいうべきブラック・サバスを採りあげたい。何しろ「人を不快にして怯えさせる」ことをめざしたバンドである。作詞を担当していたベーシストのギーザー・バトラーが、SFやファンタジーに造詣が深かったこともあり、デビューアルバム『黒い安息日』(*Blad Sabbath*, 1970)には「眠りのとばりの後に」(Behaind the Wall of Sleep)と、ラヴクラフトの短編のタイトルをそのまま借用した曲もあるほどだ。メタルとラヴクラフトの倒錯性と、そこに横たわる闇の意味について考察するにはうってつけだろう。

◉不快さと無力さ

ブラック・サバスの『黒い安息日』のタイトル曲は、トニー・アイオミのギターによる「G↓G(8va.)↓C#」の三音のみのリフが執拗に繰り返される、きわめてミニマルな構成の作品である。GとC#は増四度ないしは減五度の音程をもつ、いわゆる〈三全音〉であるが、これは〈音楽の悪魔〉ともよばれる不穏な響きである（なので、西洋音楽においては長らく忌避の対象となっていた）。

曲の終盤にややテンポがあがると、ギターのリフは「G／B♭／C／D／E♭」と、Gマイナー（ト短調）のスケールへと移行する。そして最後にGとB♭（onG）のコードを高らかに鳴り響かせて曲が締めくくられる。この主和音（メジャーコード）による終止は、一般的に西洋音楽では勝利や歓喜の表現とされることが多い。だが、この「黒い安息日」の最後に響きわたるGメジャーは、はたしてそのような肯定的な表現なのだろうか。

いわゆる音楽の三要素、メロディ、リズム、ハーモニーについていえば、この曲にはほとんど進行や発展がみられない。曲の大部分は三全音のフレーズによって支配されつづける。そして、この不協和音に乗せてオジー・オズボーンの不気味なヴォーカルが歌いあげるのも徹頭徹尾、悪魔に追われ逃げまどう人間の姿だ。テンポがあがるパートでも、悪魔の恐怖が人類全体に拡散し人々が逃げ惑い、その混乱が拡大していくさまが歌われる。

わたしの前に立ちわたしを指さすあの黒いものは何だ
すぐに背を向け走り出す　だが逃れられない（中略）
サタンがすぐそこまでやってくる　人々は怯え逃げまどう（長澤による試訳）

エンディングにつづくトニー・アイオミのギターソロも、印象的なフレーズをつぎつぎと繰りだすものの、それはどこにも行きつかない音の羅列だ。だからこそ、最後のメジャーコードの響きは、混沌や恐怖への勝利というよりも〈終わり〉として機能する。それはサバスの代表曲といえる「パラノイド」（1970）についても同様で、ひたすら［E↓D↓G↓D↓E］と［E↓C↓D↓E］の進行が繰り返され、断ち切られたように唐突に終わる。そこにはカタルシスは存在しない。
そしてこの断ち切られたような終わり方は、ラヴクラフトの「ダゴン」や「暗闇の出没者」を想起させはしないだろうか。

そろそろけりをつけてしまおう。ドアが音をたてている。何かつるつるした巨大なものが体をぶつけているような音を。ドアを押し破ったところでわたしを見つけられはしない。いや、そんな！　あの手は何だ！　窓に！　窓に！（「ダゴン」大瀧啓裕訳）

あいつが見える――こっちへ来る――地獄の風――巨大な朦朧とした影――黒い翼――ヨグ・ソトホートよ、我を救いたまえ――三つに裂けた燃える眼が（「暗闇の出没者」南條竹則訳）

この恐怖のクライマックスで物語を断ち切る手法は、エドガー・アラン・ポーの「黒猫」や「告げ口心臓」などに学んだものだろう。決して人を安心もさせず解放感も与えない。逃げまどい恐怖の絶頂であげる叫び。それが、まさにラヴクラフトとサバスの〈終わり方〉である。それは作家／アーティスト自身が作品の絶対的な支配者としてふるまうことのできない、無力さと諦念の表現ではなかろうか。

『ヘブン&ヘル』ジャケット

◉〈過剰〉な表層

さらにブラック・サバスとラヴクラフトに共通するのは、表層における過剰さである。

先述したように、少なくとも初期のブラック・サバスは、ミニマルなループによる構成がめだつ。オジー脱退後、ロニー・ジェイムズ・ディオを迎えて制作された『ヘブン&ヘル』(*Heaven and Hell*, 1980)は、いかにもロニーらしいドラマチックな展開のメロディアスな楽曲が満載で、メディアやメタルファンからは高く評価されたが、熱心なサバスのファンからは不評であった。そこで次の『悪魔の掟』(*Mob Rules*, 1981)では従来のミニマルな構成に回帰しようとしたのだが、今度はロニー的なダイナミズムとの乖離がめだつという、中途半端な作品となってしまった。

このエピソードからもわかるように、ファンにとってのサバスの魅力はいわゆる「音楽」的な核の部分(メロディ、リズム、ハーモニー)ではなく、その表層にある。不穏とも不気味ともいえる雰囲気を醸し出すヴォーカル、ファズによる過剰な歪みとワウが印象的なギター、そして装飾音を多用しながらも重くドライブするリズムセクション。ミニマルな構成によって音楽的解決の可能性をあらかじめ奪われた過剰な音楽的表象は、聴くものに安心や快感をもたらさない。それはラヴクラフトの、主人公の饒舌や実体的な対象をえがきだすことのない描写(「狂気の山脈より」など)によることばの氾濫に、あまりに似ている。

「狂気の山脈より」における南極大陸の異様な構造物の描写について、それが読者の想像力のなかで具体的な像を結ばないことを、グレアム・ハーマンは指摘している（「現象学のホラーについて――ラブクラフトとフッサール」）。「クトゥルーの呼び声」に登場するおぞましい石像の描写も同様だ。

輪郭がどこか人間に似た怪物をあらわしていたが、その頭は蛸に似て、顔は触手のかたまりであり、鱗に蔽われた胴体はゴムのようで、後足と前足に長い爪があり、背には細長い翼が生えていた。（中略）途方もなく、恐ろしく、測り知れないほど古いものであるのは明らかだったが、文明の揺籃期に――いや、いかなる時代に属するものにせよ、既知の芸術とのつながりを何一つ示していなかった（「クトゥルーの呼び声」）。

形容詞や副詞を多用した大仰で情緒過多な描写だが、この描写から像の具体的なイメージは浮かびあがってこない。この像自体が断片の集積でしかないのだ。結局のところ、この文章が表現するものは、語り手の恐怖や嫌悪感といった感情なのである。ラヴクラフトの文学は客観的、本質的なものの構築をめざすのではなく、正体不明の「闇」という現象とその前に慄《おのの》くものたちの感情をひたすらえがきだす。そしてそこが、サバスの紡ぎだす音楽と共通するところでもある。

◉美から倒錯へ

グレアム・ハーマンのラヴクラフト論は、「次々と移り変わる表れ」としての「志向的対象」（現象）と、「変わらない本質」としての「実在的対象」に関する考察がその核となっている。人間は

「現象」をとおしてしか、その向こうにあるはずの「本質」を知覚しえないのだ。だが、なぜその「本質」が存在することを信じることができるのか。この直接的に到達できない「実在的対象」の存在を感知してしまう感性が、ラヴクラフト的恐怖の源泉ではないか。

　そしてこれは、シェリングによる美的直観の議論とも重なりあう。シェリングは、自我が世界に先行するのではなく、逆に外界（＝自然）によって自我が生成するとした。その自我は「忘却してしまった自己の出自を問う」ために、つねに根源的なものに立ち戻ろうとする。だが、自我として生れ落ちてしまった自己にとって自然（＝非我）との合一はもはや不可能である。そこに自我と非我の矛盾が生じるのだが、その「矛盾こそ美をもたらし、芸術を実現するものである」（清水哲朗「シェリング美的直観と神話の力」）。「自分の意向にも構わずに、芸術家はされるがままに、制作へと駆り立てられるように（中略）、かれの制作は、まるでかれ自身の働きなしに、すなわちそれ自身で全く客観的な仕方で、客観によって授けられるのである」（シェリング「超越論的観念論の体系」）。

　ラヴクラフトの登場人物たちは、おぞましきものを恐怖し嫌悪しながらも、同時に惹きつけられずにはいられない。この倒錯性の根源が、シェリングのいう自我と非我の矛盾だ。自身が作品の創造者、支配者としてふるまうのではなく、その作品自体に魅せられそれに従属し身をゆだねる。ブラック・サバスも、おのれではない「客観」によって授けられたものに淫するかのように、どこへとむかうこともなく音楽を奏でつづける。

　だがサバスやラヴクラフトは、シェリング的な「美」にはむかわず、闇や混沌や不快さをえがく。その倒錯性は、「美と永遠」を信じることがもはや不可能な現代の、世界との矛盾と対峙するための新たな戦略なのだ。

第Ⅱ部　アメリカ音楽の闘い——人種・歴史・空間

ボブ・ディランのノーベル文学賞受賞や、ケンドリック・ラマーのピューリッツァー賞受賞などに代表されるように、近年のアメリカ音楽は文学的にも高い評価を受けている。だがアメリカをよく知る人であれば、その民族的、文化的あるいは政治的多様性ゆえ、かれらを「アメリカ音楽」と一括りにする困難さはすぐに理解してもらえるだろう。そもそも白人のディランと黒人のラマーを同列に論じるコンテクストを、今のアメリカ文学／文化研究は提供できているのだろうか。

ここではそうした多様なアメリカの音楽を、第Ⅰ部と同様に「闘い」というキーワードから読み解いてみたい。といっても、わたしもすべての「アメリカ」の音楽を俯瞰できる、魔法のようなことばや神のような視点を提供できるわけではない。アメリカ文学研究者として培ってきたささやかな知識や研究技法をもちいて、できるかぎり複眼的に、多方面から、個々の音楽、アーティスト、現象などにアプローチしていくしかない。

だがそうはいっても、ただバラバラな対象と論考をならべるだけでは意味がないだろう。ここではアメリカ的アイデンティティと音楽のかかわりを分析するなかから、そもそも「アメリカ的アイデンティティ」とは何かを逆照射することを心がけた。そうした思考をつうじて、白人や黒人、ネイティヴ・アメリカンやアジア系アメリカ人など、さまざまな民族や人種を包含した「アメリカ人」とは何か、と考えることができるのではないか。そしてかれらが「アメリカ」や「アメリカ人」とどう関わり、そのなかで何と闘ってきたのかがみえてくるのではないか。

するとここでもやはり、70年代という時代が問題として浮上してくるのだ。それはその時代に、それまでの白人男性中心のアメリカから、多様なアイデンティティで構成されたアメリカへと変容していったからだ。サンタナやジミ・ヘンドリックスのようなハイブリッドな人種的・民族的アイデンティティのもち主が、ロックという「白人男性向け」音楽とどう向き合い乗り越えたのか。マーヴィン・ゲイはどのように、みずからの人種的アイデンティティを乗り越え、黒人音楽の枠を超えたアイドルとなったのか。そしてボブ・ディランとケンドリック・ラマーは、いかにして「アメリカ」を代表する〈声〉となりえた／なりえるのか。そしてこうした考察の先に、「アメリカ」を逆照射し「アメリカとは何か」を考える場所がみえてくるのではないか。

こうした問題を掘り下げていく過程でみえてきたのが、この時代をつくりあげていた思想や社会の歴史性であり、アメリカという時空間の独自性であった。アメリカ合衆国という空間のなかには歴史が内包されているのだ。西海岸から生まれたサンタナやジミ・ヘンドリックスの音楽には、その空間と歴史が刻印されている。またジェンダーやセクシュアリティの問題を考えるのにも、アメリカ独自の性意識の発展の歴史があることを理解しなければ、マーヴィン・ゲイのアイドル性やヒップホップの露悪的な性表現の向こう側にあるものを見通すことはできないだろう。

さらにウッドストックというイベントと、それを成立させていたヒッピームーヴメントを再評価することで、それが現代の新自由主義への批判たりうる強度をそなえていたことを示してみたい。ここから最後に、この現代の課題を乗り越える戦略としてのアヴァン・ポップと、その精神と方法をもっともよく体現するアーティストとしてブルース・スプリングスティーンに焦点をあてる。70年代とそれ以降をつなぐ最重要な存在であるブルースについて書くべきことは、あまりにも多い。これは来るべきブルース・スプリングスティーン論への序章であり、次の思考へとつなぐための助走である。70年代という時代を、その音楽をつうじて理解した先に、今この時代へとつながる展望がひらけてくるのではないか。そんな予感と期待が込められている音楽からアメリカを語るなど、本当はあまりに大きな課題であるが、わたしの力の及ぶかぎりの取り組みをここから示したい。このわたしの蛮勇が少しでも、いまこの本を手にとってくださっているみなさんの思考の手助けになれば幸いである。

第8章

不幸な変り者の系譜
――ボブ・ディランとアメリカ詩の伝統――

『フリー・ホイーリン・ボブ・ディラン』ジャケット

ボブ・ディラン／Bob Dylan（1941-）

ロバート・アレン・ジマーマンとしてミネソタ州に生まれる。10代後半から詩人のディラン・トマスにちなみ「ボブ・ディラン」を名乗り、フォークシンガーとして活動を始める。62年にデビュー、翌年「風に吹かれて」の大ヒットで時代の代弁者となり公民権運動などにも影響を与える。フォークからロックへの転向、バイク事故後の隠遁と復活、福音派への改宗など、私生活を含め毀誉褒貶に富んだキャリアだが、スタジオ盤やライヴ盤、コンピレーションなどを合わせ50枚を超えるアルバムに、70歳を超えても衰えない精力的なツアー活動など、今も第一線で活躍中。

グラミー賞をはじめ各種の音楽賞を受賞し、2012年には大統領自由勲章を授与され、2016年にはノーベル文学賞を受賞。名実ともにポピュラー音楽の歴史上最大の巨人である。

２０１６年10月、ボブ・ディランにノーベル文学賞が授与されるというニュースが流れた。これには誰もが驚いただろう。文学関係者にとってはまさに激震だったし、その余波はしばらくつづくこととなった。わたし自身、そのニュースを英語サイトで初めて見たときは息が止まるほど驚き、選考委員会による「偉大なアメリカ歌曲の伝統（the great American song tradition）のなかで新たな詩的表現を創造した」という授賞理由には深く肯き、「文学者に対する侮辱だ」と憤る作家のコメントには苦笑し、「また白人男性が受賞しただけのことだ。有色人種と女性には相変わらず冷たい」という批判には、半ば八つ当たり気味と感じながらも考えさせられた。

こうした個人的な反応や印象とは別に、アメリカ文学者にとって重要なのは、ディランの文学賞受賞は、アメリカ人としては１９９３年のトニ・モリスン以来、なんと23年ぶりだった、ということだ。その間にイギリス人ではＶ・Ｓ・ナイポール（２００１年）、ハロルド・ピンター（２００５年）、ドリス・レッシング（２００７年）と三人が受賞し、フランス（08年のル・クレジオと、14年のパトリック・モディアノ）、ドイツ（99年のギュンター・グラスと09年のヘルタ・ミュラー）、中国（00年の高行健――ただしフランスに亡命中――と12年の莫言）も、それぞれ二人ずつ受賞者を輩出している。大江健三郎が94年に受賞して以来の日本では、村上春樹の受賞に対する期待が過剰なほどに高まっているが、じつはアメリカでも同様の状況だったのだ。

そんななかで、アメリカ人作家のノーベル賞候補としてつねに名前が挙がってきたのは、トマス・ピンチョン、ジョイス・キャロル・オーツ、それにフィリップ・ロスだった（ちなみに16年のディランにつづき、20年には女性詩人のルイーズ・グリュックが受賞した。この３人がノーベル賞を受賞する可能性はさらに遠のいたのではないだろうか）。なぜこれらの、技巧的にも主題的にも文句なく「文学」

的な作家ではなく、歌手であるディランに賞が与えられたのか。そこにはノーベル文学賞選考委員たちが、「文学」という概念を揺さぶろうとしたという意図が看取できるのではないだろうか。

かつての文学賞受賞者にはベルグソンやバートランド・ラッセルといった哲学者も名を連ね、さらにはウィンストン・チャーチルの回想録までもが文学とみなされ受賞した。ところがいつの間にか、この賞の対象となるのは小説や詩、戯曲といった既成のジャンル内にとどまるものになっていたのだ。たしかに社会的な意義や地域性を配慮した授賞など、公平性や普遍性を意識する姿勢は明らかに見てとれた。だが、こと「文学」そのものの革新や発展に対する貢献という観点からすると、ノーベル文学賞は「文学」という制度自体を補強こそすれ、その地平を広げるという可能性を示していたとはいいがたい。

というより、そんなことは誰も期待していなかったのだろう。ノーベル文学賞は既成の「文学」という権威の象徴、世間的評価の追認。一般的にはせいぜいその程度の認識ではなかったか。それがまさかこんな「暴挙」に出るとは、まさに意表を突かれたのだ。

ボブ・ディラン研究自体はすでに少なからぬ数の出版物や論文がある。だがそれは音楽研究や文化研究のフレームワークで行なわれており、ディランを「文学」として位置づける試みは、おそらくまだ数多くはないだろう。このディランの受賞をきっかけに「文学」とは何かを問い直す動きが広まってほしいと願っている。先に述べたように、2020年のノーベル文学賞は、アメリカの女性詩人ルイーズ・グリュックが受賞し、世界中に驚きが広がった。まったく下馬評に名前が挙がっていなかった、お世辞にも知名度が高いとはいえないグリュックへの授賞は、この「文学」という制度の見直しに、さらに拍車をかけるにちがいない。

◉ある試み——アメリカ文学史のなかのディラン

ディランをアメリカ文学史のなかに位置づける試みはまだ始まったばかりだが、すでに重要な成果も上がっている。そのひとつが2009年にハーバード大学出版局から刊行された『新アメリカ文学史』だ。何といってもこの1000ページを超える大著をアメリカ文学研究の重鎮ワーナー・ソラーズ教授とともに編集したのが、アメリカを代表する音楽／文化研究家のグリール・マーカスである。それだけでもこの新しいアメリカ文学史が目指すところが見えてくるだろう。

『追憶のハイウェイ 61』ジャケット

このソラーズ＆マーカス編の『新アメリカ文学史』、一般的な文学史と比較してあらゆる点で破天荒だ。目次にはポー、ホーソーン、メルヴィルからフォークナー、トニ・モリスンに至る、いわゆるアメリカ文学史の常連に交じって、スティーブン・フォスター、電話の発明、ウィンチェスター・ライフル、『蒸気船ウィリー』（1928年ウォルト・ディズニー制作のアニメで、ミッキー・マウスの初出演作品として有名）、『ポーギーとベス』、原子爆弾、チャック・ベリーの「ロール・オーヴァー・ベートーヴェン」、アルフレッド・ヒッチコック『サイコ』などが並んでいる。それらの雑多な項目が年代順に並べられて個別に論じられる百科事典的な構成も、文学史としては前代未聞だろう。

一般的に文学史といえば、大中小さまざまな時代区分に則って社会的、文化的、思想的潮流を記述し、そのなかに代表的な作家・作品を位置づけていくという構成をとる。たとえば、第一次世界大戦を境に国家と個人のあいだの乖離や齟齬が拡大した結果、アメリカという国への帰属心を失った若者が大量に生まれる。その「失われた世代」の刹那的で享楽的な日常を描いたのがフィッツジェラルドの『楽園のこちら側』（1920）やヘミングウェイの『日はまた昇る』（1926）である、といった説明がならんでいるものだ（ちなみに第一次世界大戦を日露戦争に、アメリカを日本に置き換えれば、そのまま夏目漱石以降の日本近代文学史になるだろう）。その根底にあるのは、作家や作品は社会や時代の産物であり、それらを反映するものという視点である。

ところがこの『新アメリカ文学史』は、そもそもの出発点からして違う。「社会に国家が先行した」特異な成り立ちのアメリカという国では、「文学も前の世代から受け継がれるものではなく、道具や機械のようにある時に発明され発見されるものだった」と考える編者たちは、「文学という眼鏡を通して見える、時代や想像力の変革のポイント」に着目し、その新たな思想や形式を作り出した作品、個人、事象を採りあげる（序文より）。社会や時代を作りあげてきたのは人間でありその表現である、という視点なのだ。個人や個々の作品や出来事などをつうじて語られる文学史というのは斬新でもあると同時に、個に立脚したアメリカらしい信念の表れでもある。

その新文学史のなかでディランは、「ボブ・ディラン、『ウッディに捧げる歌』を書く」というタイトルで、1962年の項目として登場する。そのやや気負ったというか気取った文体には正直いって辟易させられるものの、ディランの足跡を無難にまとめたうえで、ベンヤミン「複製技術時代の芸術作品」、アドルノ&ホルクハイマー「文化産業」（『啓蒙の弁証法』所収）、ガイ・デュボール

『スペクタクルの社会』などに触れ、ジャスパー・ジョーンズやアンディ・ウォーホルらの表現と同列のポストモダニズム的表現のなかにディランの作品を布置しようという内容は、それなりに読ませる（ただし残念ながら、ポストモダニズム論としては凡庸の域は出ていない）。

だが、ここでより重要なのは、ディランがどのような時代的・社会的コンテクストに置かれているかということだ。１９６０年は『サイコ』とアメリカン・フットボールのテレビ中継開始。61年はＪ・Ｆ・ケネディの大統領就任とジョーゼフ・ヘラー『キャッチ＝22』、それにアーネスト・ヘミングウェイの自殺。62年がディランにマニー・ファーバーの映画評論。そして63年はキング牧師の「バーミンガム監獄からの手紙」と公民権運動。こうした新たな時代を象徴する出来事や人物、作品の合間にヘミングウェイの最期の日々がえがかれる。まさに「時代や想像力の変革のポイント」であり、ここから「時代は変わる」というストーリーが立ち上がってくる構成になっているのだ。さらに映画、テレビ、音楽などの、文字以外のメディアの隆興にも多くのスペースを割く。記述内容だけでなくこの構成だけでも、すでにこの時代から文学は旧来の文字表現をはみ出し、ジャンルの越境とメディアミックスが始まっていたとする編者の史観が、明確に見てとれるだろう。

もはや文学を「文字表現」とのみとらえるのは時代錯誤ではないか。この『新アメリカ文学史』はそう主張している。ノーベル賞選考委員会に先んじてボブ・ディランを文学者として評価しようとした本書には、もちろん文字表現を貶める意図などまったくない。文学的営為の境界を積極的に広げ、ジャンルの混交やメディアの越境を積極的に試みること、そのなかでことばの力を改めて問いなおし、その本質と新たな可能性をしめすこと。ディランを「文学者」としてとらえるのは、一部の評論家やジャーナリストがいうような、音楽を無視してことばだけを取り出す恣意的な解釈行為を意味しない。むしろその反対で、音や映像を含めた表現をどう考えるか、旧来の「文学」とどうすり合わせていくかが、これから問われていくだろう。この困難な問題に取り組むためには、従来の文学集団とは異なる新たな解釈共同体が必要なのだ。ここでわたしが行なおうとしているのは、そのための地ならしの作業のようなものだと思っていただきたい。

◉「アメリカ詩人」としてのディラン

それではボブ・ディランをいったん音楽的コンテクストから外し、アメリカ詩／アメリカ文学のそれに置いたときにみえてくるものは何だろうか。それは、その主題やスタイルにおいて極めて多彩であること、そしてそれ以前の詩人とはけた違いの圧倒的なポピュラリティと影響力を獲得したこと、この二点である。

「詩」としての側面から、ディランの代表曲といえそうなレパートリーを、あくまで私見で列挙してみる。60年代であれば「風に吹かれて」「時代は変わる」「サブタレニアン・ホームシック・ブルース」「ミスター・タンブリン・マン」「ライク・ア・ローリング・ストーン」「雨の日の女」「見張り塔からずっと」。70年代からは「天国への扉」「ブルーにこんがらがって」「リリー、ローズマリーとハートのジャック」「ガッタ・サーブ・サムバディ」。このなかに「アイ・シャル・ビー・リリースト」はどう位置づけるか。60年代の曲とすればいいのだろうか。残念ながら80年代以降の作品で、詩に注目が集まったものになかなか思い至らない。個人的には政治状況と象徴性が多層的に折り重なる「ザ・グルームズ・スティル・ウェイティング・アット・ジ・オルター」には相変わらず唸らされ、「ユニオン・サンダウン」のストレートすぎる風刺には別の意味で驚いた。『オー・

マーシー』（*Oh Mercy*, 1989）では、力強いサウンドに乗せて歌われる「ポリティカル・ワールド」や「エブリシング・イズ・ブロークン」などが、詩の技巧的にも主題的にも60年代のディランが回帰してきたかのように感じさせてくれた。それとは別に、エリック・クラプトンのために当時のガールフレンド、ヘレナ・スプリングスと共作した「ウォーク・アウト・イン・ザ・レイン」（『バックレス』（*Backless*, 1978）所収）のやるせない抒情性も捨てがたい。と、きりがないのでこのあたりでやめておく。

これらの作品の歌詞は内容においてもスタイルにおいても、とても同一人物の作とは思えないほど多彩だ。「ホリス・ブラウンのバラッド」などのトピカル・ソング（新聞などの時事的ニュースに触発されて作られる歌）や、フォーク・ブルーズのスタイルで放浪する男の悲哀を歌う「ダウン・ザ・ハイウェイ」では、各連の最初で同じ文を繰り返すという、トラディショナル・ソングによくみられるスタイルを採用する。「風に吹かれて」の行頭で"How many ～"というフレーズが繰り返される歌詞も、この流れから生まれたものだろう。その一方で、「マイ・バック・ページ」は「ぼくの耳の奥で燃え上がる紅蓮の炎」という、まるでエドガー・アラン・ポーの詩を想起させる幻想的なフレーズで、ロマン主義的な個の讃美を歌いあげる。と思えば、現実の風景のなかにフィクションや過去の人物を幻視する「廃墟の街」は、アレン・ギンズバーグの「カディッシュ」や「カリフォルニアのスーパーマーケット」を連想させ、そこからエマーソンやホイットマン、ソローらの超絶主義へと繋がる「超越的な自己」と、多くの論者が指摘するパフォーマンス、擬装としての自己の間の往還という、いかにもディラン的な主題が読み取れる。

「雨の日の女」については"stone"という動詞の多義性がよく取り沙汰される。女に「石を投げる」

『ブロンド・オン・ブロンド』ジャケット

という聖書的寓意と、「クスリでぶっ飛ぶ」という俗語からの同時代性が二重写しになっているわけだ。だが、それ以上にここは、"They'll stone ya" というフレーズの執拗な繰り返しに注目したい。ここではひたすら「きみが石を投げられる」理由を列挙しているのだが、それらの間にはとくに繋がりも展開もない。これはウォルト・ホイットマンが「私はアメリカの歌を聞く」("I Hear America Singing") などで編み出したカタログ手法の応用だろうか。同じ『ブロンド・オン・ブロンド』(*Blonde on Blonde*, 1966) に収められている「アイ・ウォント・ユー」や「メンフィス・ブルース・アゲイン」でも同様の手法が採られている。

と、これも挙げていけばきりがないほど、ディランの詩には過去のさまざまなアメリカ詩人の作品に範をとり、あるいはその影響のもとに書かれたと思しき作品が多い。ディラン自身も「ほかの人がスティーヴン・キングを読むように」古今東西の詩を読み漁ったと、あるインタビューで述べている（『現代思想　総特集ボブ・ディラン』13）。そもそもアレン・ギンズバーグをはじめとするビート・ジェネレーションとの交流はつとに有名であるし、そのギンズバーグとの交流と影響関係については山内功一郎の優れた論考（「アレン、ローレンスとハートのジャック——ボブ・ディランと二人のビート詩人たち」『現代思想　総特集ボブ・ディラン』所収）がある。英米詩の歴史、伝統のなかでのディランの位置づけについては、同じく『現代思想』ディラン特集号に掲載された飯野友幸「ディランか

らディランへ　予言者詩人の系譜」がお勧めだ。

◉詩と音楽の越境／融合

一方で、他のどんな詩人も文学者も獲得しえなかった人気と影響力を、ディランは獲得した。それはたんなる歌手としてのポピュラリティを超えた現象である。ディランによるポピュラー音楽の詞作における革命がなければ、その後につづいたポール・サイモン、ジム・モリソン、ルー・リード、パティ・スミスなどは正当な評価を得ることは難しかったかもしれない。さらに詩人のアラン・シャピロのように、ディランによって「詩の世界への扉」を開かれた文学者も少なくないはずだ（わたしの周囲のアメリカ文学研究者にも、ディランが文学の入り口だったと語る人は多い）。

さらにディラン以降、詩を音楽とともに朗誦（リサイト）すること、詩人とミュージシャンの共演も珍しいことではなくなっている。もともと欧米では詩は朗読されるものであり、今でも詩や小説の朗読会は頻繁に開かれている。YouTubeを開いてみれば詩人本人による朗読の録音もいくらでも見つかる（たとえばT・S・エリオット本人による『荒地』の朗読など）。このように、詩は文字文化と聴覚文化を繋げる重要な役割を果たすメディアであったが、ジャズとの親和性が高かったビート・ジェネレーションの登場以降、その動きが加速する。

ここでも、何といってもアレン・ギンズバーグが最重要人物だろう。ディランと共作した“Vomit Express”はつとに有名だが、その「ゲロ急行」も含めたギンズバーグの歌唱や朗読を集めた４枚組CDボックス *Holy Soul Jelly Roll – Songs and Poems*（1949-1993）（Rhino, R2 71693, 1994）に収録されたさまざまな音源を聞いてみてほしい。クラッシュと共演した“Capitol Air”、ウィリアム・ブレイクの詩をフリージャズ的なサウンドと笑い声に乗せる“Laughing Song”、同じくブレイクの詩に基づきディランも参加して収録された“A Dream”などから、ＣＩＡの諜報・破壊活動をカリプソに仕立てて歌う“CIA Dope Calypso”、ハーモニウムの伴奏でエヴァンジェリスト風にひたすら“Jesus Christ”を繰り返す“Prayer Blues”、ロック的なサウンドと“Birdbrain”（間抜け）という単語のみのコーラスがいつまでも耳に残る“Birdbrain”、座禅と瞑想の方法とコツをマニュアル的に列挙しつづける“Do the Meditation Rock”など、聴く者を脱力と弛緩に誘うような演奏と歌がてんこ盛りだ。このなかには、ディランが歌ったとしてもまったく違和感を覚えないだろうと思わせるものも数多い。ディランによって実現した詩と音楽の接近とクロスオーバーの好例だろう。

このように、あえてアメリカ文学／アメリカ詩の文脈でのボブ・ディランにこだわってみることでみえてくるものがある。アレン・ギンズバーグが「カリフォルニアのスーパーマーケット」において、スーパーマーケットを彷徨《さまよ》うウォルト・ホイットマンを幻視しながらホイットマンのカタログ手法をなぞってみせたように、ディランも過去の詩人の主題と技法を意識的に引き継ぎながら、それを新たな時代に合わせて拡大しているのだ。ディランによる文学の地平と可能性の拡張は、今後もさらに進むだろう。

◉「不幸な変り者」としての詩人たち

アメリカの詩人は孤独だ。日本における和歌や俳句の会、ヨーロッパにおける詩壇のような、創作者と鑑賞者の両方を結び付けるコミュニティもほとんど存在しないし、詩を好んで読むような読者も決して多くはないと、『アメリカ名詩選』（岩波文庫）のあとがきで編者の川本皓嗣は嘆く。

この手軽にアメリカ詩の精髄を楽しむことができるアンソロジーを試しに開いてみよう。隅々まで計算された構築美ときらびやかな技巧で美の観念を具象化してみせ、ヨーロッパの象徴主義に先鞭をつけたエドガー・アラン・ポー。斬新で卓抜な比喩を選び抜かれたことばで紡ぎだし、死や人生についての瞑想をつづけたエミリー・ディキンソン。ユーモアをまとった思弁を展開し軽やかに日常から非現実へと跳躍するウォレス・スティーヴンズ。卑近で具体的な事物のなかに広大な世界や実存や美を見出すウィリアム・カーロス・ウィリアムス。日常言語の意味や用法を徹底的に解体して編み出された新たな詩的表現を駆使し、重層的かつ多面的に現実のあり様を描き出したハート・クレイン。漢詩や俳句に学び凝縮された表現と生き生きとしたリズム、鮮烈なイメージでイマジズム運動を先導したエズラ・パウンド。これらの先駆的な作品群と並んで、ヘンリー・ワーズワース・ロングフェローの「人生讃歌」のような単純素朴なメッセージや、市井の人々を朴訥とした表現で共感豊かに詠ったエドガー・リー・マスターズの『スプーン・リバー・アンソロジー』からの短詩なども彩りをそえる。百花繚乱といえばそうかもしれない。だが、そこに連綿と受け継がれるべき伝統や形式が存在しないことも、火を見るよりも明らかだ。

「安定した詩的伝統、詩的環境」が存在しないアメリカでは、詩人はひとり世界と格闘しそのあり様をことばで紡ぐ「不幸な変り者」（亀井 346）である。その不幸な変り者たちが「孤独や心的圧迫」に苛まれながらも、「その重圧を跳ね返す、溌溂としてたくましい自主独立の精神」によって豊かなアメリカ詩の世界を育んだ、と川本は付けくわえる。

不幸な変り者。まさにボブ・ディランにふさわしい称号ではないか。社会派フォークの旗手、若者の政治的代弁者に一方的に祭りあげられ、ニューポート・フォークフェスのエレクトリック・

セットでは激しい罵声を浴び、キリスト教への改宗では疑念と嘲笑を呼び、唐突なグレイトフル・デッドへの加入希望は（当然ながら）却下され、突如クリスマスアルバムを制作してはその意図を訝しがられる。「他に類を見ない量の嫌悪や非難、酷評、誹謗、中傷にさらされてきた一人の男」（湯浅 252）の毀誉褒貶に満ちた人生だ。だがそこには同時に、多くのアメリカ詩人たちと共通する「溌溂としてたくましい自主独立の精神」（亀井 347）が脈打っている。それこそが、ディランがアメリカの詩人たちの系譜に連なるにふさわしい存在であることを示す重要な特徴だ。

「ボブ・ディランは歌手でありミュージシャンである。その歌詞だけを取り出して分析することに意味はない」。このような、もはやクリシェと化した感もある指摘は、たしかに正論だ。たとえば英文学者にして日本のポピュラー音楽研究者の先駆けである三井徹も、英詩の伝統にディランを位置づける考察をさんざん行なった後に、ディランの詩のみを取り出す論考に対しては、「歌を詩の概念で把握することには無理があり、詩の面に焦点を当てすぎることは、歌という表現には妥当ではない」（『現代思想　総特集ボブ・ディラン』50）と苦言を呈している。

だがディラン自身は、歌として聞かれることにどこまでこだわりがあるのだろうか。ディラン本人の監修による全詩集は、これまで少なくとも三度出版されている（*Lyrics: 1962–1985*, *Lyrics: 1962–2001*, *Lyrics: Since 1962*）。日本語版でも、片桐ユズル訳による旧全集と中川五郎訳の新全集、さらに佐藤良明による最新訳がある。これらはいずれもディラン自身が出版を認めたものだ。もちろん歌詞のみを取り出して読んだ場合と、声、メロディ、サウンドを伴った場合ではおのずから印象も解釈も異なってくるだろう。だが、全詩集の出版や改訂を継続して行なっているということは、それはすなわち歌詞を独立したものとして読むこと、それを「詩」として鑑賞することに、本人も異を唱えていないということではないのか。

そもそもディランの場合、発声法もメロディもサウンドもあまりに変化が激しすぎる。「風に吹かれて」一曲だけでも、『フリーホイーリン・ボブ・ディラン』（*The Freewheelin' Bob Dylan*, 1963）と『偉大なる復活』（*Before the Flood*, 1974）と『武道館』（*Bob Dylan at Budokan*, 1978）、この三つのバージョンを比較するとまるで別人の作品だ。最近のライヴの演奏ではさらに原曲から遠いものになっているに違いない（筆者の体験した２０１０年のZEPP名古屋のライヴでは「風に吹かれて」は聞けなかったが、「雨の日の女」や「ライク・ア・ローリング・ストーン」はもはや原形をほとんどとどめていなかった）。そんな変幻自在に形を変える楽曲なのだから、声も歌い方も基準などありはしない。

ということで、ディランの作品を「詩」として読むことは（その限界さえ意識しておけば）、本人の意図（そもそもそんなものがあったとしての話だが）からそれほどかけ離れた鑑賞行為ともいえないのではないか。今後はディランをアメリカ詩人としてどう読むか、あるいは逆にディランによってアメリカ詩がどう変容したかを論じる批評や研究が増えていくだろうし、そうあってほしい。

◉「自由と孤独」という主題

最後にもう一度、アメリカ文学／アメリカ詩の文脈にディランをより深く埋め込んでおこう。

アメリカ文学史を紐解いてみると、18世紀の終わりまでほとんどフィクションが登場しないことにたいていの人が驚く。もちろんまったく存在しなかったわけではなく、文学史のキャノン（正典）として採り上げられるべき重要な作品が見当たらない、ということだ。その代わりに植民地時代から約１５０年の間に残されたテクストというと、清教徒（ピューリタン）の聖職者や思想家の説教、日記、随筆、その他もろもろの記録である。

　ピルグリム・ファーザーズが創始したとされるニューイングランド植民地は、そもそも厳格で偏屈な原理主義者であったピューリタンが、聖書に描かれる神の国を建設するという目的で創ったものだ。そこでは文学のみならず音楽、絵画、彫刻その他のあらゆる芸術表現において、現世的な娯楽は罪であった。ひたすら神の国の実現に貢献する思想や振る舞いのみが是とされたのだ。その時代に膨大に書かれた歴史書なども、客観的な事実の記述たろうとする意図など端からなく、ピューリタン的視点からの歴史の書き換えが露骨に行なわれている。

　この植民地の偏狭な文化的政策は、そこに住む人々に対して旧世界との切断を強いた。新世界にわたってきた人々の間で、故郷の文化を継承することができなくなったのだ。そもそもカトリックや他のプロテスタントたちと悶着を起こして故郷にいられなくなったピューリタンであるからして、旧世界の文化などはもはや捨て去るべきものでしかなかったかもしれない。18世紀も後半に入り、植民地社会が拡大しそれなりの成熟を示すようになると、さすがに享楽もある程度は大目にみられるようになり、現世的な芸術や娯楽が徐々に盛んになってくる。だが、かつてマックス・ヴェーバーが『プロテスタンティズムの倫理と資本主義の精神』で見事に解き明かしてみせたように、アメリカ人の実利的、功利的に映る振る舞いの根底にも、ピューリタンのエートスが息づいているのは間違いない。

　先にも引用した川本皓嗣が、このピューリタニズムがアメリカ詩にどう影響を及ぼしたかを明快に解きあかしている。「アメリカでは誰もがゼロから出発して、人手を借りずにこつこつと集めた材料をもとに、手製の煉瓦をひとつひとつ積み上げながら、自分だけの壮大な建築を組み上げていこうとする」（亀井 343）。同じ英語圏のイギリス詩人たちは、長い時間をかけて作り上げてきたソネットなどの形式や伝統と対峙し、その伝統をどう継承したり破壊したりするかという問題をつねに考えなければならない。その意識こそがイギリス詩の伝統なのだ。形式というのはある意味、世界とどう向き合うかという態度の反映でもある。ソネットであれば弱強五歩格、押韻、十四行という形式のなかにどう世界を写し取るかをまず徹底的に学び、その形式では掬い取れないものがあるとしたら、そこからこそ革新的な表現が可能となる。このことは、和歌の三十一文字や俳句の十七文字という枠が逆に豊かな表現を育んできた日本の詩歌を思い起こせば、容易に理解できるだろう。

その一方で、アメリカ詩人たちには、そのような対峙すべき伝統が端から存在しない。だから「個々の人間がただひとりで世界に立ち向かい、そのさまざまな『意味』を読み解きながら、象徴体系としての世界を再構築しようとする」（亀井 344）態度が、アメリカ詩人やアメリカ文学全般の方向を決定づけてきた。アメリカの詩人は個人の力、個人の責任で世界と向き合えという、たいていの人は途方に暮れてしまいそうな課題と格闘し、ウォルト・ホイットマンは『草の葉』（1855）を、エドガー・アラン・ポーは『ユリイカ』（1848）を、アレン・ギンズバーグは『吠える』（1956）を生み出した。そしてこれらの作家の誰一人として、他の誰とも似ていない。おのれの目に映り耳に届いた世界をどうことばで表象するか、という困難な課題にただ一人立ち向かった者たちだ。

この「不幸な変り者」の孤独な闘い、世界との格闘を描いたディラン作品のひとつが「アイ・シャル・ビー・リリースト」だろう。この男は何らかの理由で、どこかの施設に幽閉されている。「孤独な群衆（"this lonely crowd"）」というフレーズは、社会学者デイヴィッド・リースマンの有名な著書からとられていると思われるが、ここではおそらく独房に入れられ壁ひとつで分断された人間たちをさす。「わたしの光が西から東へと差し込むのが見える（"I see my light come shining / From the west unto the east"）」というのは、西日が差し込む部屋の描写であると同時に、一日の終わりにようやく訪れる日の光が、明日への一縷の希望でもあることを暗示する。そして「わたしはきっと解放される（"I shall be released"）」という何ら根拠が示されない確信は、この孤独と絶望に耐えつづける強靭な精神の、心の底からの信念の表明なのだ。

「見張り塔からずっと」も同じく、世界に対する絶望と希望とがないまぜになった歌だが、こちらではジョーカーと泥棒の対話として表明される。「これはおれたちの運命じゃない／だから間違ったことは言わないようにしておこうぜ。もう夜も遅いしな（"this is not our fate / So let us not talk falsely now, the hour is getting late"）」という泥棒のセリフは、荒涼とした風景と精神をえがき不吉な余韻を残す謎めいた歌詞のなかで、唯一前向きな部分だ。ここでは強靭さというより、泥棒のしなやかさが印象に残る。

自由とそれに伴う孤独。これはアメリカ文学の重要なテーマである。ボブ・ディランは、まさにそのテーマを自ら引き受け体現しつづける存在としての「アメリカ詩人」の称号にふさわしい。詩と音楽を越境し新たな表現を生み出しつづけるディランと同時代に生きていることを、わたしたちは純粋に喜び、誇りとしようではないか。

第9章

LA／アメリカを演じつづけること

──イーグルスとアメリカン・アイデンティティ──

『ホテル・カリフォルニア』
ジャケット

イーグルス（The Eagles）

リンダ・ロンシュタットのサポートメンバーを中心に、1971 年に結成、同年デビュー。「テイク・イット・イージー」（72）のシングルヒットやアルバム『ならず者』（73）で注目を集める。ドン・フェルダー（g.）が参加した『オン・ザ・ボーダー』（74）からロック色を強め、『呪われた夜』（75）で初めてチャート 1 位を獲得。翌年、ジョー・ウォルシュ（g.）を新メンバーに加えて製作された『ホテル・カリフォルニア』の歴史的な大ヒットにより、アメリカを代表するロックバンドとなった。しかしメンバー間の不和などにより 82 年に解散が発表される。

94 年に再結成後、ツアーやアルバムも好評で順調な活動をつづけていたが、2016 年にグレン・フライ（g. vo.）が死去。フライの息子ディーコンなどをゲストメンバーに加え、近年もツアーを継続している。

◉アメリカの二つの顔

１９９７年、ということは今からもう二十年以上前のことになる。カリフォルニア州のサンディエゴで在外研究中だったわたしは、イースター休暇を利用して友人と車での小旅行に出かけた。まずはI-15N（州間高速15号線北向）をひたすら北上し、約5時間かけてラスベガス着。翌日は早朝にホテルを出発し、フーバーダムに寄り道したりしながら南下。I-40E（州間高速40号東向）に入って東進し、AZ-64N（アリゾナ州道64号線北向）～US-180N（国道１８０号線北向）と進んで約６時間弱、グランド・キャニオン南壁（South Ridge）に辿り着いた。

グランド・キャニオン（著者撮影）

この途方もなく巨大な峡谷を初めて目にしたときの戦慄は、今でも鮮烈に蘇ってくる。数千万年の間に地殻変動と浸食によって形成された、壮大な大地の裂け目。最大で幅30キロ近く、深さも平均で１２００メートル。巨大さというものはそれ自体で、あらゆる人間的な感傷や理解を寄せつけないものだと知った。

帰りは給油と小休止のみで、あとはひたすらラスベガスへと車を走らせた。アメリカのフリーウェイは日本の高速道路よりはるかにストレスが少ないのだが、それでも往復で約12時間。さすがに疲労の色も濃く、わたしも友人もことば少なになっていた。陽も完全に落ち、砂漠の風景が夜の闇に飲み込まれかけたそのとき、燦然と光り輝くラスベガスの街が眼前に突如として出現した。薄闇のなかに浮かびあがる巨大な光の塊。この光景に、やはりことばを失った。

グランド・キャニオンは、その圧倒的な巨大さであらゆる人間的営為を超越し、人間に徹底して無関心な自然そのものであった。一方でラスベガスは、その巨大で無関心な自然に正面から立ち向かってきた、アメリカとアメリカ人を象徴する街だ。圧倒的な自然と、それと格闘しねじ伏せようとしてきた人間。アメリカの歴史を形作ってきた二つの力をまざまざと見せつけられた体験だった。

◉人工国家アメリカ／人工都市LA

グランド・キャニオンとラスベガスのいずれにも、大地や自然に根づいた人間の生活や、そこから生まれた共同体の痕跡は見られない。人間的営為の歴史が希薄なのだ。そもそもアメリカ合衆国自体が、少数の先住民が点在していた巨大な大陸に世界中から人が押し寄せ、かれらがもち寄った文化や風俗習慣などが習合して出来上がった巨大な人工国家だ。自然発生的な人間の営みを期待するのが間違いなのかもしれない。

だがそれでも、その短い歴史のなかで、移民たちは各地で独自の文化を形成してきた。とくに東部のニューイングランド地方や南部の旧フランス領植民地（ルイジアナなど）では、その風土や気候に根ざした生活や風俗を発達させてきた。そうした人間の働きかけによって徐々に形成されてきたのが、北米各地の文化やコミュニティなのだ。

これらの地域と異なり、徹底して人工的な環境としてつくられたのがカリフォルニアである。少数の先住民のみが細々と暮らすこの土地にスペイン人が足を踏み入れたのは16世紀。当初はキリスト教の伝道と探検、それに鉱物資源（おもに金）の獲得が目的であり、本格的な移住は１８２７年に、メキシコがスペインから独立して北米大陸西岸の領有を目指したところからはじまる。

1846年にはじまった米墨戦争は二年後、合衆国の勝利に終わった。そしてカリフォルニアが米国に割譲されるのとほぼ同時に、サンフランシスコ近郊で金鉱が発見され、一獲千金を目論む男たちが大挙して西海岸に押しよせる。いわゆる「ゴールドラッシュ」だ。これによりカリフォルニアの人口は急激に増加し、1850年には早くも州に昇格する。

多少なりとも気候が穏やかで過ごしやすいサンフランシスコ周辺には、ゴールドラッシュ以前からメキシコ移民の小規模な集落が存在していたが、水資源に乏しい砂漠地帯のロサンゼルス（LA）周辺は定住地には不向きで、ほとんど見向きもされていなかった。だが、1892年に油田が発見されるとLA周辺は急激に開発が進む。さらに20世紀に入り、映画産業のハリウッド進出や航空機産業の発達などもあり、人口増加に拍車がかかる。

この急激な人口増加のためLAではインフラ整備が追いつかず、1900年前後に人口が十万人を超えた頃から水不足が深刻な問題となりはじめる。そうしたなかで1936年に、400キロほど離れたコロラド川からパイプラインが敷設されて、ようやく大都市として成長するための基盤が整った（現在に至るまで、水資源の確保がLA市政における最大の課題である）。

20世紀の間、ということはほぼ100年で、LAはNYに次ぐアメリカ第二の大都市に成長した。だがそれは、無から人工的に構築された都市であり環境なのだ。LAの風景といえば誰もが思い浮かべるヤシの木の街路は中近東から輸入されて植樹されたものだし、カリフォルニア・オレンジもメキシコをつうじてもち込まれ栽培が開始された植物だ。LAはまさに、アメリカという壮大な実験国家、人工国家のあり様が凝縮された都市といえる。

◉アメリカ／LAを演じるバンド

イーグルスはそのLAが生んだ、ある意味もっとも「アメリカ的」なバンドだろう。結成メンバーは、10歳の頃にサンディエゴに移住してきたバーニー・レドンを除き、他はみな他地域の出身である。デトロイト（グレン・フライ）、テキサス（ドン・ヘンリー）、ネブラスカ（ランディ・マイズナー）などから集まってきたメンバーで、見事なほどにLAどころか西海岸出身者がいない。その後加わったメンバーもフロリダ（ドン・フェルダー）やカンザス（ジョー・ウォルシュ）などの出身で、オークランド出身のティモシー・B・シュミットがカリフォルニア生まれの初のメンバーだった。

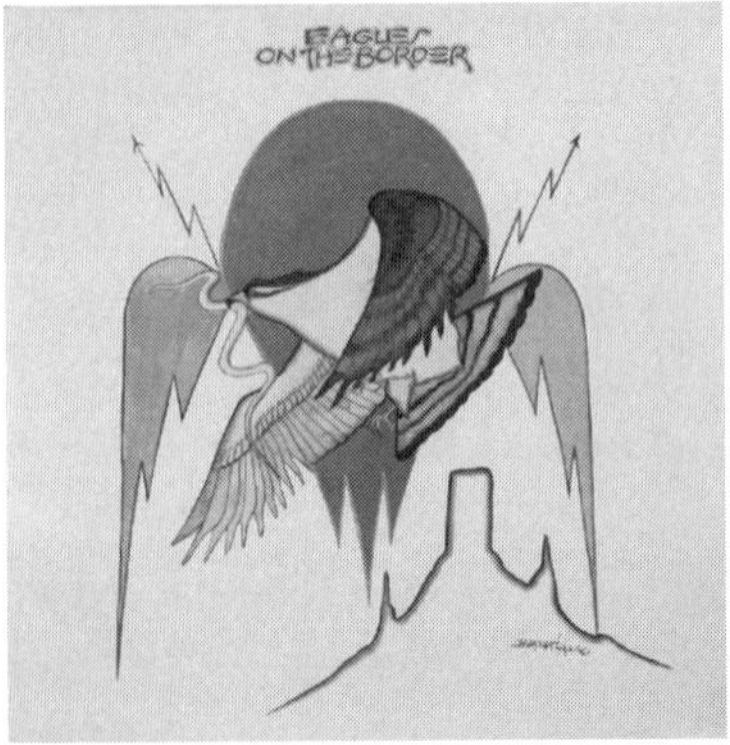

『オン・ザ・ボーダー』ジャケット

そんなイーグルスが１９７６年に初来日した際、"We're Eagles from Los Angeles" と冒頭でアナウンスし、「テイク・イット・イージー」でコンサートの幕を開けた。アメリカ人にとってアイデンティティは所与のものではなく、後天的に獲得可能なものだから、LA生まれでなくともLA人を名乗れるという、まさにアメリカ／LAを象徴するエピソードだ。そう考えると、行く先々で女に振られつづけても「気楽にいこうぜ」と歌う「テイク・イット・イージー」は、意識的にアメリカ／LAに相応しい存在となろうとする振舞いとして聴くものの耳に響いてくるだろう。イーグルスは「アメリカン・ロックの最後の伝説」（宇田和弘）にふさわしいバンドであるが、それはかれら自身が不断に「LA的／アメリカ的」たろうと意識的に自己を作りあげてきたからなのだ。

それがもっとも顕著に表れているのが、三枚目のアルバム『オン・ザ・ボーダー』（*On The Border*, 1974）だろう。冒頭のハードなロックナンバー「過ぎた事」は、自分を束縛しようとする女を捨てて逃げだす男の歌で、三曲目の「ミッドナイト・フライヤー」もいわゆる「ホーボー・ソング」（流れ者の歌）の体裁をとりながら、同じく女性の元を飛び出し自由を謳歌しようとする男をえがいている。

その一方で、50年代のポップアイコンを歌う軽快なロックンロールナンバー「ジェームス・ディーン」や、過去への郷愁と憧憬に満ちたトム・ウェイツのカバー「懐かしき'55年」では、「黄金時代」の回顧というモチーフが示される。車と映画はアメリカ的経験の中核をなす二大アイコンであり、単なる消費アイテムを超えてアメリカ的アイデンティティを構築する基盤である。『オン・ザ・ボーダー』でのアメリカ的イディオムは、現代人のアイデンティティの拠り所という機能を担っているのだ。

余談だが、アメリカの現代小説においてこのアメリカ的イディオムは、もはや肯定的に機能していない。スティーブン・ライトの大傑作小説『ゴーイング・ネイティヴ』（1994、未訳）は車とメディアによってつくられるアメリカ社会をえがくが、それはもはや悪夢でしかない。盗んだ車で西へ西へと走りながら殺人などの犯罪を重ねていく主人公の、その行動やことばの多くは映画やテレビなどのメディアからの借用でしかない。それがこの物語のおぞましさを際立たせる。

一方、音楽的には、ドン・フェルダーの加入により初期の二枚のアルバムと比べてロック色が強まった、とよく指摘される。その結果、バーニー・レドンがそなえていたカントリー志向がバンドの方向性にそぐわなくなり、四枚目の『呪われた夜』（*One Of These Nights*, 1975）発表後にレドンが脱退するきっかけとなるのだが、それは逆に言うと、カントリーとロックの融合は内発的な動機や必然性によって生まれたものではなかった、ということだ。『呪われた夜』に収録された「魔術師の旅」はレドン作のインスト曲だが、バンジョーの軽快な音とやや悲しげなメロディにかぶせられたストリングスのアレンジが、何ともちぐはぐな印象だ（それが個性ともなっているが）。この曲はのちに、イギリスのSF作家ダグラス・アダムスのスラップスティックなSF『銀河ヒッチハイク・ガイド』のラジオ版（1978）、テレビドラマ版（1981）、映画版（2005）のいずれでもテーマ曲として使われることになる。このちぐはぐさが逆に、この作品のシニカルなユーモアとよく似合っているのかもしれない。

このようにイーグルスというバンドは、アメリカという国家やLAという都市の人工性を音楽的にも思想的にも象徴する存在だ。それゆえだろうか、アメリカン・ロックのファンの間でも、イーグルスは必ずしも高い評価を得ているわけでない。音楽評論家の高橋健太郎はイーグルスの音楽が「現実感の薄い、ドラマチックな虚構性の上に成り立つものであり、それはクリアだが平板で陰影に乏しい人工的なサウンド・プロダクションに顕著に表れている」と容赦なく切って捨てる（『レコード・コレクターズ増刊　ウェスト・コースト・サウンド』34）。録音やエンジニアリングの細部に行き届く鋭い聴覚的感性をもった高橋ならではの説得力ある指摘であるが、その人工性、虚構性はまさにイーグルスとアメリカ／LAの本質をなすものであることを付言しておきたい。

◉アメリカ的パフォーマンスとしての『ならず者』

アメリカが人工国家であるということはすなわち、いわゆる民族としてのアメリカ人も存在しない、ということを意味する。アメリカ人とは、イギリスからの独立によってアメリカ合衆国が誕生するのと同時に生まれた「国民」であり、言語や文化や風習を共にする人々によって形成された「民族」集団ではない。つまり極論すれば、「アメリカ人」とは人工国家に帰属することによって得られる自己意識であり、歴史的根拠をもたない虚構的存在なのだ。

だが、アメリカ人は現実に存在する。それは「アメリカ人」たらんとして、「アメリカ的」に振る舞いつづけ、自己にも他者にも「アメリカ人」としてのアイデンティティを示しつづける人々である。アメリカ人とはその意味で、行為遂行的（パフォーマティヴ）にのみ存在するものなのだ。

そしてそれこそが「アメリカン・ドリーム」の本質だといえる。このアメリカ人が共有する理念は、ただたんに経済的成功をめざすものではない。一言でいえば「自らの出自や環境から離れて自由に決定できる、新たなアイデンティティの獲得」なのだ。そして何も存在しない広大なアメリカ的空間に働きかけ、この新たな自己に相応《ふさわ》しい環境に変容させていくというパフォーマンスが成立する（ただしそのために、先住民を排除しかれらの存在をなかったことにする暴力があったことは忘れてはならない）。

そしてもうひとつ。アメリカ的アイデンティティは「移動」と不可分である。つねに新たな土地や空間を求め、そこに自分自身がコミットできる環境をつくりあげるとともに、そのなかでまた新たなアイデンティティを獲得する。イギリス人批評家のトニー・タナーは、現代アメリカ小説においては、「逃げまわり回避する」ことが、「自己を固守する一つの方法であり、また自己を、他者の

『ならず者』ジャケット

パターンによって変えられた自己としてではなく、あるいは何らかの外部の力によって操られた自己としてではなく、自分自身の自己として経験する一つの方法」であるという（タナー 70）。アイデンティティを自分の意思で不断に更新しつづけることによって、自己の連続性を保証する。この逆説的な自己のあり方こそが、アメリカ的アイデンティティだ。

このアメリカ的アイデンティティを、イーグルスはどのように体現しているのか。かれらはＬＡという土地が醸し出す楽園的なイメージと、そこで作り出されている「カントリー・ロック」という新たなアメリカ音楽に惹かれ、そこにやって来た。自分の生まれた土地や風土と結びついた音楽ではなく、ある意味人工的に作り出された音楽に魅力を感じ、それを自分たちのものとしようとしたのだ。そのかれらがさらに新たな何ものかになるパフォーマンスを展開したのが、二枚目のアルバム『ならず者』（*Desperado*, 1973）であった。

『ならず者』は、伝説的な犯罪者ビル・ダルトン（１８６３―94）とビル・ドゥーリン（１８５８―96）の生涯を基にしたコンセプトアルバムだ。二人は元々、ダルトン兄弟を中心として組織されたダルトン・ギャングのメンバーだった。１８９２年にカンザス州コフィヴィルの銀行襲撃で、ほとんどのメンバーが射殺または捕縛された後（『ならず者』のジャケット裏の写真は、このとき射殺されたギャングたちの遺体を並べた有名な写真を真似たものだ）、この襲撃に参加せず生き延びたこの二人のビルは、新たな強盗団を結成する。そしてオクラホマ、テキサス、アーカンソーなど各地で荒事を成し「ワイルド・バンチ」として名を馳せるのだ（サム・ペキンパーの1968年の同名映画とは無関係）。だがその結果、賞金首として多くの賞金稼ぎや保安官に狙われることになり、ビル・ダルトンは1894年に自宅で、仲間のジョージ・ニューコム（別名ビター・クリーク）は翌年、恋人の兄によって射殺される。最後に残ったドゥーリンも逃亡先のオクラホマで保安官に発見され、散弾銃で蜂の巣にされるという最期をとげた。

ダルトン兄弟はもともと、保安官の長兄フランクに従い法を守る側にいた。だが、フランクの殉職とその後の給料未払いをきっかけとして、残された兄弟たちは犯罪者に転ずる。末弟のビルはカリフォルニアで農業を営んでいたが、ウェスタン・ユニオン鉄道と農民との間の土地をめぐる争議で鉄道会社に対する憎悪を募らせていた。そこに兄たちからの誘いもあり、列車強盗に手を染めるようになるのである。またビル・ドゥーリンは、もともと荒くれ者のカウボーイの一員だったが、1891年にカンザスで保安官といざこざを起こして相手を負傷させたのをきっかけに、アウトロー生活に身を投じた。「ドゥーリン・ドルトン」で歌われる「何の役にも立たない法律など捨ててしまえ（Lay down your law book now / They're no damn good"）」というくだりは、かれらの社会に対する鬱屈を示す。とくにダルトン兄弟にとって、社会や法はかれらを追い詰めるものでしかなかったのだ。

名曲「テキーラ・サンライズ」は、ある女性と出会い一時の憩いを求める歌である。タイトルのテキーラ・サンライズとは、テキーラとオレンジジュースでつくるカクテルのことだが、『ベスト・コレクション』（*The Complete Greatest Hits*, 2003）のライナーノーツでドン・ヘンリーが述べているように、テキーラを飲みながら迎える夜明け、という意味も重ねられている。この曲の「もう一杯景気づけに酒をあおり（Take another shot of courage）」という一節も言葉遊びだ。“courage”はもちろん本来は「勇気」を意味するが、カンザスなど中西部では「酒」を表す用法もある。Ｆ・Ｌ・ボームの『オズの魔法使い』（１９００）で、インチキ魔法使いのオズが臆病なライオンに「これが勇気の源だ」と緑色の怪しげな液体を飲ませると、ライオンの気分が高揚し勇気が湧いてくる場面があるが、ここでの“courage”は間違いなくアルコール飲料であり、「テキーラ・サンライズ」の場合も同様の掛けことばとして使われているのだ。もともとはイーグルスのメンバー自身がＬＡの酒場で経験したことを踏まえて作られた曲だそうだが、景気づけに酒を飲んで女を口説こうとしても、飲めば飲むほどことばが出てこず、テキーラのグラスを重ねていくうちにまた夜が明けてしまうという、暴力的な犯罪者という顔の陰にある淋しく孤独な男の姿がそこに表れている。

「サタディ・ナイト」の「誰かダンサーとダンスを区別する方法を教えてくれ（Someone show me how to tell the dancer from the dance）」というくだりは、アイルランドの詩人ウィリアム・バトラー・イェイツ（１８６５−１９３９）の晩年の作品、「学童たちの間で（Among School Children）」の末尾、“How can we know the dancer from the dance?”を下敷きにしている。イェイツのこの一節は、詩人という存在が詩という表現形式と不可分であること、詩作という行為が詩人という存在を作り出す、そのパフォーマティヴなあり方を反語的に示したものだ。それと同様に、アウトロー／ロックンローラーとしてつねにふるまいつづけることによって、かれらのアイデンティティは不断に更新され保証されていく。

『ならず者』で自らの方法論を打ち立てたイーグルスが、それをさらに推し進めたのが『オン・

ザ・ボーダー』であった。だがつねにひと所にとどまることを許さず、移動や変化を強いられる生き方は、自己の不安定さに直結する。それはときに「呪われた夜」や「トゥー・メニー・ハンズ」の刹那的で享楽に身を委ねる人生に繋がり、あるいは「いつわりの瞳」のように、他人ばかりか自分自身すらもいつわる生のあり方を呼び込む。移ろいやすい音楽ビジネスの世界での競争に疲弊しはじめたかれらが、自分たちの姿をそうした現代のアメリカ人のあり様と重ねて作り上げたのが、『ホテル・カリフォルニア』（*Hotel California*, 1976）だったのだ。そもそもドゥーリン＝ダルトンはダルトン・ギャングの生き残り、つまり「残された者たち」だ。そしてかれらの未来には破滅しかない。『ならず者』には、『ホテル・カリフォルニア』の閉塞感と諦念がすでに刻印されていたのだ。

◉『ホテル・カリフォルニア』以降の自己再生産

発表からすでに40年以上を過ぎたこの歴史的アルバムについて、ここで無用な屋上屋を重ねる必要はないかもしれない。だがそれでもあえて語らせてもらえば、数々のあまりに有名なフレーズが散りばめられたタイトル曲が「砂漠のハイウェイ」（On a dark desert highway）から始まることは、あまりこれまで触れられてこなかった。荒野（Wilderness）のなかに「揺らめく光（shimmering light）」として現れるホテルは人工的オアシスだ。また砂漠のなかで避難所として見出されるホテルとそこでロウソクを持って主人公を案内する女性は、「疲れた人々、貧しき者たち、自由を求める者たちをわたしの元に送りなさい／黄金の大地への入り口に、わたしは松明を掲げて立っています」というエマ・ラザルスの詩が台座に刻まれた自由の女神像と重なってくる。そうすると、「わたしたちは自分で作り上げたものに捕えられているの（We're all just prisoners here / of our own device）」という一節は、同時代の政治状況や音楽システムを超えて、ここまで考察を重ねてきたアメリカ的アイデンティティについてのコメンタリーとなって響いてくるだろう。

二曲目の「ニュー・キッド・イン・タウン」は移ろいやすい音楽ビジネスへの皮肉に満ちた曲だが、「新奇なもの」がそれだけで価値をもつ資本主義システムや、不断に自己を更新しつづけなければならないアメリカ的自己のあり方など、そこには複層的な指示対象がある。また「駆け足の人生」（正確には「追越車線の人生」だが）も同じく、つねに人より一歩先んじて「新しいこと」を求め疲弊していく男女をえがきながら、その生き方を強いるアメリカ社会そのものへの批判へと転ずる。

『ホテル・カリフォルニア』よりもさらに重苦しさに満ちた次のアルバム『ロング・ラン』（*The Long Run*, 1979）のタイトル曲は、「何かに追われ、いつも不安を抱え、快楽を求めて生きてきた（I used to hurry a lot, I used to worry a lot / I used to stay out till the break of day）」これまでの人生との決別を宣言する。そして前作の最後で「最後の楽園（The Last Resort）」について歌ったのと同様に、「愛」や「自由」などの希望や未来を信じることができた（あるいはそう振る舞えた）時代への郷愁に満ちた「サッド・カフェ」で締めくくり、それと同時にかれらは「イーグルス」であることをいったん放棄した。だが、その後の『ヘル・フリーゼズ・オーヴァー』（*Hell Freezes Over*, 1994）や『ロング・ロード・アウト・オブ・エデン』（*Long Road Out Of Eden*, 2007）などで再三復活劇が繰り返される。結局のところかれらは、かつて「チェックアウトはできても逃げだすことはできない」と歌ったように、「イーグルス」という自己を再生産しつづけるしかなかったのだろうか。

イーグルスが闘いつづけた〈アメリカ〉とは、巨大な空白に作られた人工国家が強要する、不断に自己を更新し変化を求めつづけるアイデンティティのあり方そのものだった。根拠や由来を拒否したところから始まったこの国家自体が、そこに住む人々を、つねに「何かに追われ、いつも不安を抱え、快楽を求めて」生きる「駆け足の人生」へと駆り立てる。そのアイデンティティの更新は、いつになったら終わるのか。「愛」や「自由」、あるいは「神の国」のような希望や未来をもはや信じることができない現代のアメリカ人は、どこまで駆けつづけなければならないのか。

そして、再生産されつづける自己とは、いったい何者なのか。その同一性を保障するものは何か。さらに、その自己はありあわせの、既存のパーツを組み合わせた、どこかの誰かの模倣でできあがったまがいものではないのか。ちょうどポップミュージックがそうなりつつあるように。

だがイーグルスは音楽をやめることはできない。わたしが〈わたし〉であろうとすることをやめられないように。自己の再生産を繰り返しながら、走りつづけなければならないように。走りつづける先に、これまでとはちがう何かがあると信じて。

第10章

「普遍の調べ」を追いつづけて

——カルロス・サンタナのアイデンティティと音楽——

『天の守護神』
ジャケット

カルロス・サンタナ／Carlos Santana(1947-)

メキシコで生まれ、ミュージシャンだった父親の薫陶を受けて音楽活動を始める。62 年頃に家族とともにサンフランシスコに移住、そこで出会った仲間たちとサンタナ・ブルーズ・バンドを結成。69 年にデビューする際にサンタナと改名し、現在まで継続して活動している。同年 8 月のウッドストック・フェスティバルでサンタナは大評判となり、翌年の『天の守護神』も大ヒット、ラテン・ロック・ブームを巻き起こす。1999 年に発表した『スーパーナチュラル』は世界中で 3000 万枚をこえる驚異的な大ヒットとなり、グラミー賞も獲得。現在も第一線で活躍中。

サンタナとしてのみならず、ソロ活動でも数多くの話題作を残している。また 70 年代には横尾忠則のアートワークをアルバムジャケットに採用し、その縁で横尾との交友関係もつづいている。

ファンが待ち焦がれていたカルロス・サンタナの回想録が、2014年に出版された。『普遍の調べ』（*The Universal Tone: Bringing My Story to Light*, *Little*, Brown & Co, 未訳）と題された五百頁を超える大部の著を前にして、そのボリュームに圧倒される読者も少なくないだろう。だが、そのためらいを乗り越えてぜひ手にとってほしい。街の人気者だった父ホセと、料理もしたことのなかったお嬢様の母ジョゼフィーヌ、先ずはこの二人の出会いの場面から語り起こし、この両親の下に生まれた七人兄弟の、ちょっとした諍いは絶えないが陽気で賑やかな生活が生き生きとつづられる。さらにメキシコの田舎町オートランで過ごした幼年時代や、国境の町ティファナでの音楽との出会い、1960年代サンフランシスコでの刺激的なティーンエイジ・ライフなど、その魅力的な内容とユーモア溢れる語り口に、頁をめくる手が止まらなくなること請け合いである。

また本書は単に読み物としての面白さだけではなく、サンタナファンがこれまで接してきた種々の資料とは比べものにならない情報量を備えている。カルロス・サンタナという人物とサンタナというバンド（紛らわしいので以下、人物についてはカルロス、バンドをサンタナ、と表記する）の、立体的な像が彫琢されているのだ。とくにアメリカ移住以前のカルロスの音楽活動が本書によって詳らかになったのが、個人的には最大の収穫だった。

タイトルの"The Universal Tone"とは本書に繰り返し出てくる、カルロス独特の音楽観、世界観に基づく概念だ。音楽や瞑想をつうじて「自我から解放され、宇宙のエネルギーに身を委ね、すべての人とつながった状態」になることで、万物の創造主がこの宇宙に満たした「音、ことば、響き、音楽」が自分のなかに流れ込んでくるのを、いつも感じるという（9頁）。ジョン・コルトレーンが「至上の愛」（A Love Supreme）と呼んだもの、アート・ブレイキー、マイルス・デイヴィス、ティト・プエンテ、Ｂ・Ｂ・キングなどがかれらの音楽をつうじてもたらしたもの、それが“Universal Tone”である。したがって「普遍の調べ」（という訳題で本書は紹介されてきている）というよりは、「宇宙の音」と言った方がより正確かもしれない。だがやはり、この“Universal”ということばは「普遍」と訳したい。それはカルロス・サンタナという一人の人間が、人種、民族、出自などを超越した人類に共通の普遍の価値を信じ、それを音楽で表現しようとした軌跡が、サンタナの音楽に刻まれているからだ。

人種民族的にいえばカルロスはチカノ、つまりアメリカ合衆国に移住したメキシコ人に分類される。だが、カルロス自身は回想録で「チカノ」という呼称はほとんど用いていない。それはカルロスが、「チカノ」ということばが示す社会的なアイデンティティにいまだ同化しきれないからだろう。というよりおそらく、こうしたアイデンティティ・ポリティクスからは距離をおいている。

アイデンティティ・ポリティックス（アイデンティティの政治ともいう）とは、人種、民族、性的志向性、ジェンダーなどに基づいて自らの属する集団を決め、その集団の利益のために活動する思想や運動を指す。よく知られた例としてはアメリカ黒人の公民権運動や女性解放運動（フェミニズム）などが挙げられる。チカノも１９６０年代に「チカノ運動」と呼ばれる経済的・社会的・文化的な地位向上を目指す闘争を経験した。この時期から壁画に代表されるチカノ・アートにも注目が集まるなど、チカノの社会的認知や地位向上に間違いなく貢献した運動だ。サンタナ一家がサンフランシスコに移住した１９６０年代は、このチカノ運動の真っ最中であった。

カルロスもアメリカに移住してから五十年あまりがたつが、メキシコ人としての出自を忘れてはいない。後述するように、ときとして差別や偏見、抑圧に対しては激しく抗議もする。だが、決して「チカノ」や「メキシコ人」といった民族的アイデンティティのみを自分自身のよりどころとはしていないのも確かだ。息子、兄弟、夫、父、そしてもちろんロックミュージシャン／ギタリストと、さまざまな関係のなかで複層的に構築されているのがカルロスであること、そして何より「一人の人間」であることが、本書で繰り返し強調されている。

２０１６年のトランプ政権成立以降、アメリカでは再び人種民族間の分断が深刻な問題となりつつある。黒人に対する制度的差別を糾弾するブラック・ライヴズ・マター運動（ＢＬＭ）は激しさを増す一方であり、２０２０年の大統領選挙で民主党のジョー・バイデンが当選したものの、トランプ大統領が敗北を認めず、事態は混迷を極めた。またこの選挙戦をつうじて、人種民族や社会的身分、ジェンダーその他によるアメリカ社会の分断、亀裂はますます深まっていると言っていいだろう（たとえば州によっては、トランプ大統領に投票したチカーノ男性は、チカーノ女性の2倍にのぼっている）。現在（２０２０年末）の、決して先行き明るいとはいいがたい状況のなか、このカルロスのアイデンティティのあり方とサンタナの音楽は、新たな視座を私たちに与えてくれる。

だがもちろんカルロスも最初から、そのような民族的アイデンティティを超越した地平にいたわけではない。さまざまな人との出会いや別れ、喜びや苦悩、そして何より愛するギターと音楽をつうじて、カルロスがどのように〈普遍〉の境地に達したのか、その軌跡が縷々と綴られたこの回想録を辿りながら、カルロス・サンタナとその音楽を改めて見直してみたい。

◉ハイブリッドなアイデンティティ

そもそも「メキシコ人」とは何者か。それは征服者であるスペイン系白人、先住民であるインディアン、その両者の混血であるメスティーソなど、雑多な人種民族からなる集団である。現在では人口の六割がメスティーソであるといわれているが、生粋のスペイン系白人やインディアンも少なからず存在する。カルロスの母ジョゼフィーナはヨーロッパ系白人の家系で、ユダヤ系の血も濃いという。一方父のホセはメスティーソだが、「サンタナ（Santana）」という姓はSanta Ana／聖アンナ（イエスの母であるマリアの母、つまりイエスの祖母）の名に由来する。このように民族や文化、歴史の混交から生まれたカルロスは、このメキシコ人のハイブリッドなアイデンティティを体現している。

余談だが、父ホセはインディアンの血筋を誇りに思っていた。そのためカルロスが生まれたときには「ジェロニモ」と名づけようとしたが、妻に猛反対され断念したそうだ（もし父の希望通りになっていたら、「ジェロニモ・サンタナ」というギタリストが誕生していたわけだ）。ジェロニモとはもちろん、歴史に名を遺すアパッチ族の戦士である。メキシコ軍の騙し討ちによって家族を皆殺しにされたジェロニモは、アパッチ族を率いて主に白人の村々を襲い、神出鬼没のゲリラ戦術と戦場での勇猛果敢さで白人たちの恐怖の的となり、アメリカ、メキシコ両国にその名を轟かせた。そんな白人を敵と狙うインディアンの勇士の名前を、白人の妻との間に設けた子に授けるのはさすがにどうかと思うが（ジョゼフィーナが猛反対するのも当然だ）、それだけホセにとっては、インディアンの血筋が重要だったということだろう。

その父ホセは、メキシコの伝統的音楽を演奏するミュージシャン、つまりマリアッチでもあった。

ホセの父（＝カルロスの祖父）もさらにその父（曾祖父）も、地域共同体から手当をもらって地域のために演奏する"municipal musician"だった、とカルロスは記す。つまりカルロスは音楽一族の四代目ということだ。ソンブレロにチャロ（メキシコのカウボーイ）の衣装で身を包んだホセが好んだのは30〜40年代のメキシコ歌謡だが、キューバのペドロ・バルガスやヨーロッパ古典音楽（いわゆるクラシック）もレパートリーとした。このように豊かな音楽的素養のもち主だったホセだが、何よりもエンターテイナーであること、人々のために音楽を奏でることを喜びとしていた。この父からカルロスが受け継いだものは数多くあるが、注目すべきは「音楽でもっとも重要なのはメロディである」という思想、メロディ志向だった。

父からバイオリンの手ほどきを受けたカルロスは、10歳の頃からすでに、国境の町ティファナでストリート・ミュージシャンとして、アメリカ人観光客などを相手に演奏活動をはじめていた。だが、カルロス自身はその頃すでにアメリカ音楽、とくにラジオから流れてくるR&Bやブルーズに魅せられていた。当時エルヴィス・プレスリーがメキシコでも大人気で、二人の姉に無理やりエルヴィスのレコードを聴かせられたカルロスはエルヴィスが大嫌いになったそうだが、一方でそのエルヴィスのルーツであるレイ・チャールズやリトル・リチャードがカルロスの琴線に触れた。そして14歳のときにティファナ在住のギタリスト、ハビエル・バティスのライヴを聴いてバイオリンをギターに持ちかえ、B・B・キングやアルバート・キング、T・ボーン・ウォーカーなどを通じブルーズにのめりこんでいく。

このようにカルロスは人種民族的な出自だけでなく、音楽的にもメキシコやキューバのラテン音楽、ヨーロッパ音楽、アメリカの黒人音楽などの多彩な背景をもつのだ。だが、ひとたびアメリカに渡るとそうした複雑な背景はすべて捨象され、「メキシコ人」としてのみ認識されてしまう。メキシコにいる間はただのカルロスというひとりの人間だったのが、アメリカではまず「ヒスパニック」「ラティーノ」「チカノ」などというラベルで認識され、同時に搾取と抑圧の対象となることを、その後カルロスはいやというほど体験することになる。

◉抑圧者としてのアメリカ

カルロスの回想録がアメリカで出版された際にとりわけ話題になったのが、ティファナでの少年時代にアメリカ人男性から受けた性的虐待の体験をつづった部分だ。10歳の頃にサンタナ家や周辺の家族との交流もあったアメリカ人のカウボーイがいた。その男はアメリカに憧れをもつカルロスやそのほかの少年たちを誘って車でサンディエゴまで連れていったのだが、その道中で性的行為を強要していたという。あまりに頻繁な誘いを不審に思った親たちによってこのアメリカ人の犯罪行為が暴かれるまで、この男に繰り返し虐待を受けていたことを、カルロスは包み隠さず記している。だが、この体験を公表できるようになるまでは50年以上の月日が必要だったという（カルロスが最初にこのエピソードを語ったのは、『ローリング・ストーン』誌のインタビューであった）。

エドワード・サイードの名著にしてポストコロニアリズムの嚆矢《こうし》となった『オリエンタリズム』（1978）で、西洋が東洋を「女性的」なものとして表象してきた歴史が詳しく検証されている。経済的、政治的、文化的に劣位に置かれたものを強者が力で支配する。その象徴的な行為のひとつがこのような性的搾取にほかならない。アメリカとメキシコが出会う町ティファナでこの事件が起こったのも、したがって偶然ではない。カルロスは文字通り身をもってアメリカによる「搾取」を体験したのだ。

だからだろうか、サンフランシスコに移住してから50年以上経った現在でも、カルロスはアメリカに対しては相反する感情をいだいている。ティファナ時代に音楽やテレビや映画などをつうじてアメリカ文化に親しんだ一方で、学校では合衆国がメキシコから領土や富を簒奪していった歴史を教えられる。たとえばデイヴィ・クロケットといえば、アメリカ人にとってはアラモ砦の戦闘で知られる英雄で、その壮烈な戦死は幾度も小説や映画で物語化されている。だがその当時テキサスはメキシコ領であり、そこに不法侵入したアメリカ人が、アラモにあった伝道所を砦として立てこもったのがそもそもの発端だった。だからメキシコ人からすれば、クロケットは「そもそも本来いるべきではない場所にいたから殺されただけ」（Santana et.al 24）なのだ。こうしてアメリカに対する両義的な態度が、カルロスのなかに醸成されていった。

ずっと後の話になるが、２０１１年にカルロスはビーチ・ボーイズや作家のエイミィ・タンらとともに、カリフォルニアの殿堂（the California Hall of Fame）入りをはたす。その表彰式でカルロスを紹介したのは、俳優のクリント・イーストウッドであった。『ローハイド』をテレビで見て「カウボーイになれるくらいの完璧な英語をマスターした」という少年時代のカルロスは、ロディ・イェーツ（イーストウッドの役名）その人と壇上でならぶ日がくるとは夢にも思わなかっただろう。だがその場には当然ながら、当時のカリフォルニア州知事ジェリー・ブラウンも同席していた。ジェリーの父パット・ブラウンは、サンタナ一家がサンフランシスコに移住した１９６２年当時のカリフォルニア州知事であった。そしてカルロスは受賞記念スピーチで、こともあろうにパット・ブラウンとその次の州知事だったロナルド・レーガンを公然と批判し、その場の空気を凍りつかせたのだ。

１９６０年代のカリフォルニアでは、メキシコ系移民（チカノ）の農場労働者は劣悪な環境と低賃金に苦しんでいた。カルロスの兄トニーもその一人だった。そんななかで労働運動家のセサール・チャベスとドロレス・ウエルタが立ち上がり、メキシコ系農業労働者の組合を組織して労働者の地位向上のために労働争議を繰り広げた。それに対して保守派のレーガンはもちろん、リベラル派のブラウンですらも何の支援も行なわなかったことをあえて指摘したのだ。

このようにカルロスはいまだに、アメリカの社会や政治に対しては一定の距離をおいている。「アメリカ人が自らをナンバーワンといい張るのはがまんならない。世界中を見て回った自分からすれば、トップ5にすら入らない国だ」（Santana et.al 24-5）と辛らつにいい捨てたりするほど、アメリカ人の唯我独尊には我慢がならないようだ。

◉ヒスパニックから「人間」へ

そんなカルロスだが、メキシコにとっても愛国者とはいいがたい。多くのメキシコ人からは「ルーツを忘れた裏切り者」扱いされ（Santana et.al 39）、１９７３年にメキシコでサンタナの凱旋ツアーが行なわれた際には、新聞のインタビューで「なぜメキシコ音楽を演奏しないのか」「なぜスペイン語を使わないのか」といった挑発的な質問が浴びせられた。まだ若かったカルロスもその質問に喧嘩腰で応答したため、その後長年にわたってメキシコのメディアとカルロスは険悪な状況がつづいた（もっともメキシコのファンたちは、そんな政治的なあれこれには振り回されず、サンタナの音楽を支持しつづけた）。

これはカルロス個人の問題というよりは現代の音楽産業、ひいては現代文化全般に関わる難問である。それは巨大なアメリカ文化の同調圧力、つまり世界の大衆文化をすべて「アメリカ」化してしまおうとする強力な資本とコンテンツの影響があまねく世界中にいきわたっているからだ。このアメリカによる文化的一極支配ともいうべき状況を、フランス人ジャーナリストのフレデリック・マルテルが実地調査をもとにまとめたのが、『超大国アメリカの文化力——仏文化外交官による全米踏査レポート』（２００９）、『メインストリーム——文化とメディアの世界戦争』（２０１０）の二冊である。とくに後者では、ラテン系の音楽、映画、テレビドラマなども、合衆国を経由することで初めて他のラテンアメリカ諸国に流通できる状況などが明らかになる。南北アメリカ大陸に住むラティーノ向けの音楽制作の中心地は中南米ではなくマイアミであり、「中南米が共有するポピュラー文化は今や北米初のメインストリーム文化だけなのだ」と、マルテルはいう。

だが、ジェニファー・ロペスやリッキー・マーティンの成功が示すように、アメリカの文化のなかでラテン的なものが広く受け入れられていることも無視できない事実だ（たとえそれが、文化的本質主義者たちにとってはまがい物としか映らないとしても）。ヨーロッパ系の移民と比較して、北米のラティーノたちの文化的アイデンティティはいまだに強固である、とマルテルはいう。ある企業の重役（もちろんヒスパニック）が、「私たちはエスタドス・ウドニス（アメリカ合衆国）の文化を『ラテン化』しているところなんですよ」と言い放つくらい、アメリカにおけるラテン文化はその存在感を増しているのだ。

この合衆国文化のラテン化をいち早く実践していたのがサンタナであったことは、もはや指摘するまでもないだろう。アメリカに移り住んだカルロスは、その音楽業界に居場所をえると、それまでのヒスパニックとは比較にならない規模と持続力で影響を与えつづけている。だがそれはカルロスにとって、アメリカ人になることでも、メキシコ人／チカノのアイデンティティをもちつづけることでもなかった。サンタナの音楽がラテン的だとしても、それはカルロス自身が意図してラテン的なイディオムをもち込んだ結果ではない。さまざまな人種、民族、文化の背景をもつミュージシャンたちが集まり刺激しあうなかから湧き上がってきたものであり、何よりカルロスが少年時代から蓄積してきた音楽的遺産の自然な発露なのだ。

カルロスは、あくまでも普遍的な「人間」であろうとしつづける。アイデンティティ・ポリティクスの立場からすれば、それはあまりに牧歌的で素朴なふるまいかもしれない。だがアメリカ対メキシコ、英語圏対スペイン語圏のような対立軸ですべてをとらえようとすることは、ヨーロッパやアメリカといった旧来の国民国家の枠にいつまでも囚われることにもなる。それに対して、カルロスの音楽や自分自身のあり方への自省的なまなざしは、そうした旧来の地域概念に根差した文化的同一性（つまりアメリカ音楽やメキシコ音楽といった区分）そのものを疑い、領域横断的な志向性を求める「惑星思考」（スピヴァク）と通じるものなのだ。

それはかれの音楽についても同様である。カルロスはメキシコ音楽でもアメリカ音楽でもない、ただの音楽、ロックをひたすら追求しつづけてきた。そしてそれは人と人との出会い、交流から生まれるものだ。

◉異種混交的「集合体」としてのサンタナ

サンタナがデビュー前に「サンタナ・ブルーズ・バンド」と名乗っていたのは、ファンには周知の事実だろう。だが、その由来については多くの人が誤解しているかもしれない。バンド活動が軌道に乗りはじめ、ビル・グラハムが経営するフィルモア・ウェストに出演が決まった頃、それまで名無しのまま活動していたカルロスたちはバンド名をつけることを余儀なくされる。するとマイケル・カラベロ（per.）が、「バタフィールド・ブルーズ・バンドやブルーズブレイカーズのように、ブルーズという言葉を入れたバンド名にしようぜ」と提案した。そこでメンバーの姓を付けたバンド名（カラベロ・ブルーズ・バンド、ロドリゲス・ブルーズ・バンド、などなど）を並べてみたところ、「サンタナの名前が一番しっくりくる」という理由で選ばれたそうだ。つまり、カルロスがリーダーだからとか、一番重要だからとか、目立つからとか、そうした理由ではなかったのだ。

カルロスは繰り返し、デビューから『サンタナⅢ』（*Santana III*, 1971）までのサンタナは「集合体（Collective）」だったという。一人一人が自分の持ち味を発揮しながらお互いを刺激しあい、その結果ひとつのサウンド、ひとつの曲を紡ぎだしていく。誰かがリーダーあるいはディレクターとなって、バンドの音楽的方向を決め、他のメンバーがそれに従って演奏する、という方法は一切取らなかった。ジャムセッションを繰り返すなかから『サンタナ』（*Santana*, 1969）や『天の守護神』（*Abraxas*, 1970）などが自然発生的に生まれたという、まさに奇跡的なグループだったのだ。

だがこの初期サンタナは、あまりに急激に成功を収めすぎた。そのため個々のメンバーの音楽的自我が芽生えたときに、それを吸収しながらバンドとしてのサウンドを構築していく時間も余裕もなかった、さらに一部メンバーのドラッグ耽溺により演奏のクオリティが低下し、他のメンバーの音楽的な不満も蓄積していく。その結果、バンドは瓦解してしまった。その崩壊に責任を感じたカルロスは、その後意識してバンドのリーダー的な役割を引き受けるようになり、のちにはマネージメントなども取り仕切るようになる。だがこと音楽的な側面に関しては、つねにグループとしての総意を優先する。新たなメンバーが入ることで化学反応が起き、新たなサウンドが生まれる。それがサンタナの最大の魅力なのだ。

わたしの手元にあるサンタナ関係の資料のなかに、1979年のオーストラリアでのライヴDVDがある。アレックス・リジャートウッド（vo.）が参加した直後で、リズムセクションはグレアム・レアー（dr.）にデヴィッド・マーゲン（b.）。サイド・ギターも擁し、おそらくサンタナの歴史上もっともロック寄りのサウンドを奏でていた時期だろう。ドラム大きめでパーカッション控えめのミックスが施されているのも、そのロック色を強めている印象だ。オープニングの「マラソン」につづく「ウェル・オールライト」はスタジオ録音とは比較にならぬほどの迫力と音圧だし、「オープン・インヴィテーション」のようなハードロック・ナンバーもさらにエネルギッシュに演奏される。何より「ブラック・マジック・ウーマン〜ジプシー・クイーン」のメドレーや、アンコールの「イーヴル・ウェイズ」などのお馴染みのナンバーが、まったくの別物に聴こえるのが驚きだ。そしてメンバーも観客も音楽を楽しんでいる。

一方1979年といえば、カルロス初のソロアルバム『ワンネス』（*Oneness, Silver Dreams—Golden Reality*, 1979）がリリースされた年でもある。思想的にはすでにスリ・チンモイ師と袂を分かち、音楽的にも『太陽の秘宝』（*Inner Secrets*, 1978）以降のポップ・ロック志向に移行しつつあった時期だ。このソロアルバムの前半（レコードのA面）は『キャラバンサライ』（*Caravanserai*, 1972）や『ロータスの伝説』（*Lotus*, 1974）の頃のような精神世界への傾倒がまだ顔を覗かせているが、後半（B面）の方は同時期の『マラソン』（*Marathon*, 1979）に近いサウンドでまったく趣が異なる。そのなかで注目すべきはカルロス自身の筆による「果てしなきパレード」だろう。この曲にかれの音楽観が集約されている。ここではメキシコでの子ども時代の記憶と現在（当時）の自分自身の音楽活動を併置しながら、そこに共通する「音楽による解放」「音楽を楽しむこと」を称揚する。時代、場所、ジャンルなどは異なっても、音楽のもつ意味や重要性は変わらないのだ。

その翌年、今度はマイルス・デイヴィスの黄金期を支えたウェイン・ショーター、ハービー・ハンコック、ロン・カーター、トニー・ウィリアムスらと共演した『スイング・オブ・デライト』（*Swing of Delight*, 1980）で思い切りジャジーなセッションを楽しんだかと思えば、さらにその翌年の『ジーバップ！』（*Zebop!*, 1981）は60年代とはまた異なったコンテンポラリーなラテン・ロックを作りあげた。こうしてカルロスは、新たな出会いとコミュニケーションのなかから、人々を楽しませ自由にする音楽を、多種多様な形で送りだしつづけるのだ。

のちに憧れのマイルス本人とも共演を果たしたカルロスによく、「こういう凄腕のミュージシャンたちと共演するのは気後れしないか」という質問が投げかけられたそうだ。それに対してカルロスは、別に自分はかれらと競いあって技量や音楽性を誇示しようとしているわけではない、一緒に音楽を楽しみ、そのなかで自分にできることをするだけだ、と答えたという。そこから何が生まれるか、それを考えただけでもワクワクする、と。言い古されたことばだが、カルロスはナンバーワンではなくオンリーワンをつねに志しているのだ。

そんなカルロスがもっとも嫌うのは、既成の枠に囚われることだ。ウッドストック25周年の企画に出演依頼が来たとき、他の出演者が白人のロックバンドばかりだと聞いてカルロスは「69年のときには黒人も女性もいたのに、なぜ今それができないのか」と怒ったという。その結果、ウッドストックⅡはネヴィル・ブラザースやユッスー・ンドゥールなども参加し、一見人種的に多様な催しとはなったが、その本質においてはもはや69年の精神の再現とはならなかった。そのためさらに次のウッドストックⅢ（1999）にはもはやサンタナの姿はない。

カルロスは、ジャズやブルーズ、ヒップホップ、ラティーノ、その他の雑多な音楽が一堂に会する機会がないことを嘆く。ビル・グレアムが存命中にも、「60年代、70年代のようなマイルス・デイヴィスとサンタナが共演できるような場所を作ってほしい」と何度も頼んでいたようだ。昨今のセグメント化された音楽産業とファンの現状を見るかぎり、これはビジネスとしては成立しにくいだろう（クラシックもジャズもロックもワールドミュージックもJポップも等しく好きな筆者のような人間にとっては理想的なのだが）。だが、こうした異種混交の場がサンタナであり、それがいまだに魅力を放つ音楽であることを、メガヒットアルバム『スーパーナチュラル』（*Supernatural*, 1999）や、それにつづく『シャーマン』（*Shaman*, 2002）、『オール・ザット・アイ・アム』（*All That I Am*, 2005）でみごとに証明してみせてくれた。だからある意味、サンタナは今でもあらゆる意味で「集合体」なのだ。

◉「普遍の調べ」を奏でるギター

最後にカルロスの回想録のなかで、筆者がもっとも好きなエピソードを紹介しよう。カルロスがコンサートを終え帰宅すると、子どもたちが居間でテレビを見ていた。カルロスもくつろごうとソファに座った瞬間、次女のステラが飼っていたチワワがカルロスの足元で粗相をしてしまう。カルロスはステラに「お前の犬がウ○チしたぞ」と言うが、娘は「パパも飼い主よ」とにべもない。仕方なくカルロスは犬の○ンチを片づけはじめるが、突然むかっ腹を立て「なんでわたしが犬のウン

○を片づけなければならないんだ！　わたしはロックスターなんだぞ！」と叫んだ。すると一瞬の沈黙ののち、その場にいた全員が（もちろんカルロス自身も含めて）大爆笑したそうだ。

カルロスと家族の絆の深さ、カルロスの飾り気のなさが感じられる、ほのぼのとしたエピソードだ。だが、それ以上にカルロス自身の自己認識がよく表れている逸話でもある。ロックミュージシャンやギタリストといった社会的アイデンティティと、子どもたちの父親としての家庭内での立ち位置、それらがないまぜになってカルロス・サンタナという人物が出来上がっていることを、本人がもっともよくわかっているのだ。このハイブリッドなアイデンティティのあり方が、何度もいうようにそのままサンタナの音楽となって表れている。

だがもちろん、その変幻自在なサンタナのサウンドのなかにつねに変わらない絶対的な中心、揺るがない重心が存在する。それがいうまでもなく、カルロスのギターだ。ギブソンSG、ヤマハSG、PRSなどのハムバッカー搭載ギターとブギーのアンプのコンビネーションで生み出される、艶やかかつ伸びやかなオーバードライブサウンド。代名詞ともいえるエモーショナルなチョーキングや情熱的な単音のトレモロピッキングといった独特のプレイスタイル。少し聴くだけですぐにカルロスとわかる音作りとキメのフレーズは、何十年経とうが変わらずファンを魅了しつづけている。この絶対的な芯があるからこそ、カルロスはどんなミュージシャンと共演しても無理に自己をひけらかす必要がない。自分自身を信じて、自由にしなやかに他者と戯れることができるのだ。

カルロスはマッチョを嫌う。「人がマッチョにふるまうのは、男らしくないとみられること、女性的とみられることを恐怖するからだ」というカルロスのことばは深い。自分に自信がない人間ほど、他者を攻撃することでその自信のなさを取り繕おうとする。自分のトーンを信じるからこそ、テクニック自慢も、エゴをむき出しにする必要もない。カルロスはただ伸びやかにギターを奏でつづける。そして他者の存在やその意見を尊重するからこそ、その他者と自分自身の間により良い関係（音楽）を作り出せるのだ。これこそが本当の、"Universal"（普遍的）な人間のあり方なのだろう。そのあり方を体現したサンタナの音楽はこれからの時代、さらに魅力的な輝きを放ちつづけるにちがいない。

第11章

クロスタウン・トラフィックの結節点
——ジミ・ヘンドリックスを生んだ歴史と空間——

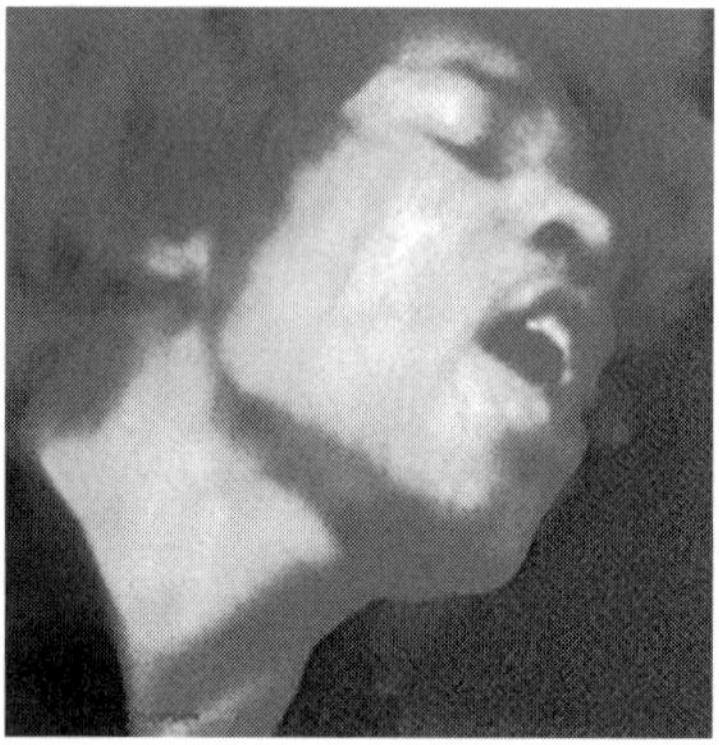

『エレクトリック・
レディランド』
ジャケット

ジミ・ヘンドリックス／ Jimi Hendrix (1942-70)

ワシントン州シアトルに生まれる。黒人とチェロキー・インディアンの血を引き、とくに後者の文化的影響が強い。陸軍を除隊後、アイク&ティナ・ターナーなどのバックを務めたのちにイギリスにわたり、66 年にジミ・ヘンドリックス・エクスペリエンスを結成してデビュー。ポール・マッカートニーの推薦で出演したモンタレー・ポップ・フェスティバル（67）でのギター炎上パフォーマンスなどで、アメリカでも話題となる。69 年のウッドストック・フェスティバルでのアメリカ国歌も歴史に残る名演とされる。晩年はドラッグ中毒が悪化し、70 年に睡眠薬による事故で死去。享年 27 歳。

その圧倒的なテクニックのみならず、豊かな想像力から生み出される数々のアイデアで、エレクトリック・ギターという楽器の可能性を格段に広げ、いまだに史上最高のロック・ギタリストと評されている。

◉サンタナが見たジミヘン

第10章で紹介したカルロス・サンタナの回想録『普遍の調べ』に、ジミ・ヘンドリックスとはじめて出会ったときのエピソードが紹介されている。1967年、まだサンタナがサンフランシスコの音楽シーンで頭角を現す前のことだ。モンタレー・ポップ・フェスティバルの興奮がいまだ冷めやらぬ6月20日、フィルモア・ウェストにジミ・ヘンドリックス・エクスペリエンスが出演した。バックステージに潜り込んだカルロスは出番を待つジミと挨拶を交わしたあと、そのステージを見て驚愕する。「とても信じられなかった。ただの6本の弦とアンプから生み出されている音とは思えなかった。その音は宇宙のスペクトルが生み出す周波数であり、ときにグランド・キャニオンのあげる叫び声」、そしてジミは「これまで誰も見たことも聞いたこともない武器、ライトセーバーとレーザー銃を携えた征服者」(Santana, et. al. 259-60) だった。ブルーズやラテン・ミュージック、ロックンロールなどさまざまな音楽的バックグラウンドをもつカルロスにとっても、ジミの奏でるサウンドとギタープレイがまったく未知で斬新、革新的だったこと、そしてその衝撃が50年近く経っても色褪せていないことがよくわかる。

次にカルロスがジミと出会ったのは、1970年4月のニューヨークであった。友人から「ジミがパーティやってるから行かないか」と誘われて向かった先が、ジミの作ったレコード・プラント・スタジオだった。「なぜスタジオでパーティ?」と戸惑うカルロスをジミは温かく迎え入れるが、人が溢れかえりさまざまな種類の麻薬が散乱しているスタジオ内の様子に、カルロスの当惑は増すばかりだ(この辺りの状況については、大鷹俊一の『定本ジミ・ヘンドリックス——その生涯と作品』などが詳しい)。そのうちジミは一人でレコーディング・ブースに入り、「鏡の部屋」の仕上げのため、スライドギターのオーバーダビングをはじめた。しかしながらドラッグで集中力を欠いたジミの散漫なプレイに、エンジニアのエディ・クレイマーはテープを止めて録音を中止する。それでも構わずギターを弾きつづけるジミは、周囲のスタッフに力づくで止められ、ギターを取り上げられた。そのときのジミの様子はまるで「悪魔にとりつかれた」（"a possessed demon"）かのようだった、とカルロスは回想する。

このジミの痛ましい姿を目の当たりにした数か月後、カルロスはツアー先でジミの訃報に接し、ジミの才能と命を奪ったドラッグを憎む。もともと薬物から距離をおいていたカルロスがさらにスピリチュアルな世界に傾倒するきっかけのひとつが、このジミの死だったそうだ。

◉ネイティヴ・アメリカンとしてのジミ

このエピソードを紹介したのは、すでに語られ尽くした感のあるジミの「悲劇的な晩年」をさらに補強するためではない。黒人と白人の二項対立という図式のなかでのみ語られがちなジミ・ヘンドリックスという不世出のアーティストを、すこし違った角度から眺めるための補助線として、である。二人はほぼ同世代で（１９４２年生まれのジミは、47年生まれのカルロスと5歳違い）、同じ時代のアメリカの雰囲気を共有し、人種的にはマイノリティでギタリストである。このように多くの共通点をもつカルロスの眼をつうじてジミを紹介してみたわけだが、ここでジミのギターが「宇宙的（"intergalactic"）」と形容され、大地（グランド・キャニオン）の叫びと結びついているところに注目したい。

まず指摘すべきは、カルロス・サンタナとジミ・ヘンドリックス、この二人のギタリストがネイティヴ・アメリカン／インディオの血を継ぎ、その文化的遺産に対して意識的な環境で生まれ育った、という事実だ。カルロス・サンタナの民族的・文化的背景とその音楽との関係については本書の第10章で考察を試みたが、サンタナの豊かな音楽表現は、カルロス・サンタナという人物の、単一のアイデンティティに還元されない複層的なあり様とパラレルである。それ同様にジミも、白人／黒人という単純な二項対立の枠組みを超えた意識のもち主だった。

たとえばジミはあるインタビューで、「今日を生きられない」について、「ネイティヴ・アメリカンや、迫害を受けているマイノリティの人たちに捧げたものだ」とコメントしている（ロビー 121）。ここでジミが被抑圧者、マイノリティとして真っ先にネイティヴ・アメリカンを挙げている事実は見逃せない。ハリー・シャピロもこの曲について「被保護者インディアンとしてのジミ」が、「現代のインディアンの窮状を訴えている」と説明する（シャピロ&グレピーク 276-7）。シャピロによれば、この時期のジミはSFや神話を好んで読み、そのなかでもフランク・ウォーターズの *The Book of Hopi*（1963、『ホピ　宇宙からの聖書——アメリカ大陸最古のインディアン　神・人・宗教の原点』）に強く影響されていたようだ。この書物はホピ族に伝わる伝承や神話を、ウォーターズがかれらと起居をともにした三年の間に書きとめた記録をもとに書かれたものである。民俗学的な資料とニューエイジ的な妄想が入り混じった、というより前者を後者によって曲解しているような怪しい匂いの漂う書物だ（一種のトンデモ本として紹介されることも多い）。

だが、実際にこの本をジミが好んで読んでいたとするなら、ネイティヴ・インディアン神話とSF的想像力の融合したジミ独自の作品世界の由来が、よりはっきりみえてくる。

◉黒人／白人の二項対立の向こう側へ

残念なことに、この異種混交的な視点からのジミ再評価は、いまだ十分に進んでいるとはいいがたい。たとえば１９８９年に出版されたチャールズ・シャー・マリーの『ジミ・ヘンドリックスとアメリカの光と影』は、ジミを社会的・文化的現象としてとらえた試みとして長らく評価されてきた。だが今となっては、紋切り型の人種観や偏狭な音楽観がやや目についてしまう（ちなみにマリーのこの評論では、ネイティヴ・アメリカンとしての出自やその文化的影響にはほとんど注意が払われていない）。

もちろん、ジミにとってもっとも重要な音楽的ルーツがブルーズやジャズなどの黒人音楽にあることは間違いない。だが同時に、フランク・シナトラやディーン・マーティンらの音楽を好んで聴き、ラジオでヒット曲を追いかけた少年時代の「ステレオタイプな音楽性やルーツとはひと味違った好み」（大鷹 10）、さらには「ネイティヴ・アメリカンのカルチャーや自然との関わり方などの影響」（同上）や「生まれ育ったシアトルの環境」（大鷹 11）も十分に考慮したうえで、新たなジミへン論がそろそろ構築されてもよい頃だ。

ただ、たしかにジミとカルロスはともにネイティヴ・アメリカンの血筋ではあるが、それだけでこの二人の間に共通性を求めるのも早計だ。それは安易な本質主義的思考に他ならない。たとえばジェームズ・ブラウンもサンタナと同じくアパッチ族の血を引く（父親がアパッチ・インディアンだ）が、その音楽にネイティヴ・アメリカン文化との直接的なつながりを見出すためには、ややアクロバティックな議論が必要になるだろう。しかしそこに、ファンクとＨＲ／ＨＭをジミへン的なギタースタイルで繋いで融合させたスティーヴィー・サラスを配置することで、アフリカン・アメリカン（以下、「黒人」と表記する）とネイティヴ・アメリカンの上にはりめぐらされた文化的ネットワークの地図をえがけないだろうか。さらに、そのサラスがカリフォルニア州のサンディエゴ出身であることを思い出せば、カルロスのメキシコ~サンフランシスコ、ジミのシアトルと繫がる環太平洋（パシフィック・リム）文化圏のようなものも仮構できるかもしれない（これについては最後に少し考察したい）。こうした文化的歴史的なコンテクストのなかで、ジミの音楽における多様性、「混成的アイデンティティ」が明確な輪郭をもって立ち現れてくるのではないか。

ロバート・ワイアットがジミ・ヘンドリックス・エクスペリエンス（JHE）とのツアーでシアトルを訪問したとき、「たくさんの黒人男性にたくさんのネイティヴ・インディアンの女性」がジミを出迎えに空港に集まっている光景を目撃した（マリー 18）。黒人とネイティヴ・アメリカンの歴史や文化が交差する地点で、ジミのアイデンティティとアートが生まれたことを示す象徴的なエピソードだ。さらに〝父〟としての黒人と〝母〟としてのネイティヴ・アメリカンの非対称性、つまり前者はつねに明示的に登場し語られるのに対して、後者は「不在の母への憧憬」としてジミのエピソードを彩る、という差異をも表象している。あるいは幼少期から祖母がジミに語り聞かせたチェロキー族の祖先の物語や伝承と、ラジオやレコードから流れる黒人音楽も、それぞれが時間的にも空間的にも異なる基層としてジミを形成していった、そんな物語もここから垣間見えてくる。

というように、とにかくとりとめがなくなりかねないほど、ジミを語るために考えるべき事柄はつぎつぎと湧き出てくる。それはジミが多様な文化や人々が交差するなかから生まれてきたからだろう。ジミは街を行き交う人や車の流れを“Crosstown Traffic”と表現したが、ジミ自身がまさにアメリカの「クロスタウン・トラフィック」、多種多様な文化、歴史、人種などの交わりから生まれ、それを体現する存在となったのだ。

◉SFとネイティヴ・アメリカン神話の融合

ジミがSFを好んでいたという証言は多くの記録に出てくるが、その志向性はジミの音楽にさまざまな形で反映されている。ファーストアルバム『アー・ユー・エクスペリエンスト？』（*Are You Experienced*, 1967）に収められた「サード・ストーン・フロム・ザ・サン」は、宇宙からの訪問者が美しさに魅せられて地球を訪れるが、ニワトリが地球で一番優れた生き物であることを発見し、邪魔な人間を排除しようと決意する、というシニカルなSFストーリーだ。エディ・クレイマーによれば、ジョージ・R・スチュアートの破滅SF『大地は永遠に』（*Earth Abides*, 1949）にジミがインスピレーションを得て作られた作品らしい。また誰しも疑問を抱くであろう「なぜニワトリなのか？」という点だが、これはどうやらルイ・ジョーダンの1947年のヒット曲、「エイント・ノーバディ・ヒア・バット・アス・チキンズ（Ain't Nobody Here But Us Chickens）」が元ネタのようだ（シャピロ&グレピーク 279）。このジョーダンの歌に登場するニワトリたちは、ホームパーティで浮かれ騒ぐ黒人たちのことだ。そうすると、排除される「人間」とはすなわち白人をさすとも考えられる。つまりここには、人種的マイノリティをめぐる問題がひそかに仮託されているのかもしれない。

『アー・ユー・エクスペリエンスト？』ジャケット

そしてこの曲のタイトル、「太陽から三番目の石」が地球をさしているのはいうまでもないが、地球を「石」にたとえるという発想も非白人的だ。白人だけではなく、四方を海に囲まれ緑に覆われた山々を身近にみている日本人からも生まれにくいし、たとえば黒人のブルーズにも世界を「石」や「岩」で表象する感性は見いだせない。ここにあるのは、岩と土の乾いた大地に住む人々であったネイティヴ・アメリカンたちの、世界へのまなざしなのだ。

「土」「石」「岩」「沙漠」などということばは、現代の文明人にとっては「不毛」や「生命の不在」などを連想させるものだろう。だが、実際に北アメリカ大陸の沙漠に一歩足を踏み入れてみれば、そこには想像をはるかに超える豊かな生命の営みが存在することがわかる（筆者はカリフォルニア東部の沙漠地帯にある、ボレーゴ・スプリングス（Borrego Springs）という町をこれまで何度も訪れ、そのたびに自然の美しさと豊かさについての認識を改めさせられている）。ジミの作る歌詞には一風変わった比喩表現がよく登場するが、その独特な発想の源を、先に言及したネイティヴ・アメリカン（チェロキー族）の物語やそれを育んだ精神世界に求めることができるのではないか。

そしてもちろん、ジミの想像力の源泉をネイティヴ・アメリカンとしてのルーツにのみ還元する必要はない。ジミが子どもの頃から親しんだSF小説や映画、はかりしれない影響を受けたボブ・ディラン、そしてもちろんブルーズをはじめとする黒人音楽。これらが渾然一体となって、あの自由奔放で唯一無二の表現世界を作り上げる基礎となったのだ。

◉卓越したイメージ構成力

詞作という側面から、ジミのもつ多様な文化的背景をもっともよく感じさせるのが、イギリスでの三枚目のシングルとなった「風の中のメアリー」だ。

“The Wind Cries Mary”という原題は、直訳すれば「風がメアリーと叫ぶ」あるいは「風がメアリーを叫ぶ」となる。当時の恋人であったキャッシー・エッチンガムとの諍いを歌にしたものとして知られるが、その実体験を表現することばはかなり特殊な比喩で彩られている。「ジャックが箱の中に収まり、道化がみな寝静まった頃」とはじまる冒頭部、あるいはそれを受けて「どこかで女王がすすり泣き、どこかで王が妻を失う」というくだり（言うまでもないが、これはトランプのカードの比喩であり、さらにびっくり箱“Jack in the Box”に引っ掛けている）にはボブ・ディランの影響が顕著にみられる。「幸せが通りをよろめき歩くのが聞こえ、足あとが赤く着飾る（“You can hear happiness staggering on down the street footprints dressed in red”）」という一節も、シュールレアリズムのデペイズマンという技法に通じる比喩表現だ。決して「詩」として傑出した作品ではないものの、そこにみられる意識や技法は当時のポップミュージックとしてはかなりユニークなもので、現代詩にもつうじるだろう。

それに対し「風がメアリーと囁く（“the wind whispers Mary”）」という表現は、右記の技法とはかなり異質な比喩である。それまでの「風」といえば、ディランに答えを運ばされたり、グレッグ・レイク（キング・クリムゾン）に語り掛けられたりはしていたものの、自分から囁いたり叫んだり喚いたりするものではなかった。ここには無生物や自然現象にも霊魂が宿るというアニミズム的発想がある。ネイティヴ・アメリカンの世界では、「鳥獣はもとより、山川草木と人間との間には差別がない。動物や草木も人間と同じ心を持ち、同じ権利を持っている。（中略）アメリカ・インディアンは、この世の自然物に精霊を認め、そうした感覚を、少なくとも部分的には持ち続けている民族なのである」（金関 38）。

ジミの世界では、人間と自然、自己と他者、内部と外部の区分が希薄だ。「紫のけむり」の「空にキスをする（"I kiss the sky"）」、「真夜中のランプ」の「朝も昼も死に絶え（"The morning is dead / And the day is, too"）」、「しかめっ面の壁」（"my frowning wall"）、あるいは「もしももしも」の、「太陽が輝くのを止めても（"If the sun refuse to shine"）」などもその例だろう。このジミの世界のなかでは、自然現象も物体も、人間と同じ地平、同じ次元に存在し、お互いに関わりあい生きている。「ファイア」で「おまえの炎に寄り添わせてくれ（"Let me stand next to your fire"）」と歌われる炎は、ドアーズの「ハートに火をつけて」の炎とは、やはり根本的に異なる。ジム・モリソンは「俺の炎に火をつけてくれ（"Light my fire"）」と煽るように呼びかける。このモリソンの炎はあくまで隠喩的だが、ジミの炎は視覚その他の感覚で知覚できそうな、現実の存在のようだ。

『アクシス・ボールド・アズ・ラヴ』
ジャケット

このようにネイティヴ・アメリカン的な感性と、ディランを通じて会得した現代詩的な表現技法、それにSF体験を通じて培った幻想や空想への志向、こうしたものが混然としながらもひとつの表現として成立しているのが、ジミ・ヘンドリックスの世界なのだ。「リトル・ウィング」の、雲のなかを歩く少女のイメージを、単純にドラッグ体験や夢に帰するのではなく、そのドラッグや夢を契機として顕在化するジミの想像力、その卓越したイメージ構成力をこそ、いま改めて評価すべきだろう。

◉ジミの魔術師性

歌詞の分析にだいぶ紙幅を費やしてしまったが、もちろんジミの魅力はそれだけではない。多彩な音楽的体験を背景にした曲やアレンジ、それに何といってもだれも真似できない創造性に満ちた、奔放でありながら緻密さも兼ね備えたギタープレイ。だが、これらについては数えきれないほどの優れた論考がある。いまさらわたしが屋上屋を重ねる必要はないだろう（そもそも貧弱な屋上の飾り程度にしかならないだろうし）。というわけで、これまで論じられることが少なかったジミの詞を通じて、ジミの創造する世界を分析してきたわけである。

ここでさらに議論を広げ、ジミのアーティストとしての全体像について考えるうえで触れておかなければならないのが、カルチュラル・スタディーズの第一人者ポール・ギルロイのジミヘン論だ。ギルロイはポストコロニアルな視点からポピュラー・ミュージックを論じているが、そのなかでよくジミに言及する。１９５６年にロンドンで生まれ、ガイアナ人を父にもつギルロイは、リアルタイムでジミを体験した世代である。こうした個人的背景や音楽経験をつうじて、かれにとってジミはもっとも重要なミュージシャンのようだ。アメリカの「混成的アイデンティティ」の象徴としてのジミのアートには、「黒人の文化とアイデンティティをめぐる過度に単純化されたモデルのいっさいを吹き飛ばし、これまで無視されてきた数多くの論点へと私たちを向けなおしてくれる力が宿されている」と評価している（ギルロイ 84-5）。こうした複層的で多様な背景から生まれるアメリカン・アイデンティティのあり方は、近年のアメリカ研究で最重要なテーマとなっており、本書でもイーグルスやボブ・ディランについてこの問題を考察してきた。

右記の論文でギルロイは、ジミのアートを「近代世界を再魔術化する」ものであったという。これはジミの音楽が聴くものに対してパフォーマティヴに作用する、ということだろう。黒人やインディアンの過去の苦難、あるいはベトナム戦争の悲劇をことばで表現する政治的メッセージではなく、かれらの哀しみや苦しみといった感情、そしてそれに触れることで生まれたインスピレーションや態度などを音で表現することで、聴き手に感受させようとしているのが、ジミの音楽表現だ。

わかりやすい例を挙げれば、ウッドストックでの「星条旗よ永遠なれ」のパフォーマンスをはじめさまざまなところで聴くことができる、ギターによる爆弾の落下と爆発の表現がそれだ。これはもちろん戦場での兵士の体験を音によって再現したものだが、いったいアメリカとベトナム、どちらの兵士の立場なのか。爆弾を落とすのはアメリカの爆撃機だろうが、地上で聞いている兵士には、どちらの側であっても恐怖を呼び起こすものであったろう。あるいはマシンガンの発射音も、見通しの効かないジャングルのなかでは、敵味方の別なく死をもたらす響きだ。つまりここでは敵と味方の二分法が成立しない、死と恐怖がすべてを支配する空間が表現されているのだ。ことばで語るよりもはるかに聴くものに直接的、感覚的に訴える方法を、ジミは音楽のなかで模索していった。

ジミの音楽は聴くものに魔法をかける、とはこれまでよくいわれていることだが、ギルロイの分析はジミの魔術師的本質に新たな光をあてている。

◉人工器官としてのギター

ギルロイは、もうひとつ重要な論点を提示している。それは「エレクトリック・ギターを再概念化し、それを十分に理解すること」によって、「ヘンドリックス解釈を作り替え、より大きな地図の中に彼を位置づけなおす」（ギルロイ 93）というテーゼだ。本書第5章でも、ジェフ・ベックについて、ギター／アンプ／エフェクターと身体を統合しひとつのメディアとして表現するギタリストである、と論じているが、ギルロイの議論はさらに踏み込み、ジミ・ヘンドリックスというギタリストの、ギターという「人工器官を装着」した「存在様態」が、「この世界のなかで、人種の秩序＝序列（オーダー）と究極的に両立可能なものであるかどうかという問い」を突き付けているという（ギルロイ 94）。

ギルロイのいう「エレクトリック・ギターの再概念化」とは、既存の音楽ジャンルのなかにギターという楽器を位置づけるのではなく、逆にギターの楽器としての発展と音楽的役割の変遷をつうじて、ポピュラー・ミュージックを再解釈すべきという主張である。そのなかでこそジミ・ヘンドリックスというアーティストの真価が明確にみえてくるはずだ、ということだ。

そして「私たちは人工器官を装着することをとおして、自分自身を見出すのである」（ギルロイ 94）というギルロイの指摘は、単一的な「全体性」としてのアイデンティティ観を撹乱しようとする試みだ。それはダナ・ハラウェイのサイボーグ論の、自然と人工の二分法を脱構築する新たな人間観とも通底する。ギターという楽器と出会うことによって、ジェイムズ・マーシャル・ヘンドリックスという黒人青年のなかに存在していた〝可能性〟がはじめて形を成し、ジミ・ヘンドリックスというギタリストが生まれた。そしてギターという楽器も、ジミによってそのポテンシャルがはじめて存分に引き出され、現代のポピュラー・ミュージックにおける中心的な地位を確立したのだ。ジミとギターの邂逅により、そしてそれによってのみ、この両者のあり様が現実のものとなった。1＋1が2になるのではなく、「＋」によって二つの「1」の存在が可能になるという逆説的なあり方、といえばよいのだろうか。「ジミヘン」は、ギターというメディアあるいは人工器官と接続されることによって生まれたサイボーグ的存在だ。

◉クロスタウン・トラフィックとアメリカ

最後になってしまったが、先にこれも問題としてあげておいた、環太平洋文化圏の問題に触れておきたい。これに関連して、ルイス・シャイナーの『グリンプス』（1993）というSF小説を紹介しておこう。

「60's ロックSFファンタジイ」と銘打たれたこの作品は、幻のアルバムを求める主人公が時間を超えて過去のミュージシャンたちと邂逅する物語である。オーディオ装置の修理業を営むレイはある日、頭のなかで想像した音楽を磁気テープに録音できるという不思議な能力に目覚める。ビートルズの『ゲット・バック』（つまり、フィル・スペクターによるミックスが施される前の『レット・イット・ビー』）をブートレッグとして売り出し一山当てたレイだったが、さらなるブートレッグを生み出そうとして悪戦苦闘するうちに、自分自身が時間を超越してしまっていた。過去に遡ったレイはミュージシャンたちを訪れて、未完に終わった幻のアルバムを完成させるために手を差しのべようとする。

作品中でレイが完成させようとするアルバムは、ビートルズ以外にはビーチ・ボーイズの『スマイル』、ドアーズの『セレブレーション・オブ・ザ・リザード』、そしてジミの『ファースト・レイズ・オブ・ニュー・ライジング・サン』だ（今となってはその多くが、何らかの形で実際に世に出てしまっているものばかりだが）。ビートルズを除くとみなアメリカ西海岸（太平洋岸）にゆかりのあるアーティストで、60年代におけるこの地域の特権性がよく理解できるだろう。

ジミの音楽活動の場は南部からイギリス、そして東部のNYへと移りかわった。ジミにとって西海岸は、表面的にはあくまで出身地以上の意味はもたないかもしれない。だがさまざまな文化や人種民族が出会う空間、トポスとしてのアメリカ西海岸の歴史を顧みれば、ジミ・ヘンドリックスというハイブリッドなアーティストがそこから生まれてきたのは必然なのだ。

アメリカ文学史家のワイ・チー・ディモクは、地質学の知見を援用して"Deep Time"（「深層的時間」あるいは「深い時間」）という概念を提示している。近代が生み出した機械的な時間、時計で計測され国民国家の歴史の内部に位置づけられる時間概念の底あるいは外にあり、民族や国家を超えて人々の意識や価値観、感性などをつなぐ歴史的な繋がりを示すことばだ。そうしたきわめて長い歴史的スパンのなかで文化を考えることによって、アメリカ合衆国やカナダやメキシコという政治的区分を脱臼させようという試みでもある。この観点からみれば、メキシコ出身のカルロス・サンタナとシアトル出身のジミを国籍や出身地で区別するのではなく、同一の文化的マトリックスから生まれてきた存在と考える方が、よほど自然だ。

そもそもネイティヴ・アメリカンやインディオとよばれる人々は、「太古の時代、ベーリング海峡地域を渡って、アメリカ大陸に渡ったアジア系人種」である（金関 18）。その後多くの地域に分布し、それぞれが長い時間をかけて文化的、民族的な独自性が形成されていったが、その基底に何らかの共通性は残っていると考えることもできるだろう。アメリカの現代詩人ゲイリー・スナイダーは日本で禅を学び宮沢賢治の詩を英訳もした日本通だが、ネイティヴ・アメリカンの口承詩や歴史にも造詣が深い。そんなスナイダーの詩には日本とネイティヴ・アメリカンの両方の世界に繋がる精神世界が詠われるが、これがまた60～70年代の西海岸のカウンターカルチャーから現代のネイチャーライティングへと接続される流れを形成している。ここにジミ・ヘンドリックスを生んだ環太平洋文化史の可能性が垣間みえそうだ。

アラスカから南へと向かって旅をしたネイティヴ・インディアンの祖先たちと、アフリカから西へ西へと移動してきた黒人が交差した場所、それが西海岸だ。いや、もっと正確にいえば、ネイティヴ・アメリカンと黒人の軌跡は直接交差するのではなく、異なった時代の層をなし、ジミ・ヘンドリックスを生んだ西海岸の「深層的時間」を形成している。ジミ・ヘンドリックスとその音楽は、アメリカの時空間を流れる「クロスタウン・トラフィック」の結節点に登場した、まさに「アメリカ」そのものの体現者なのだ。

第12章

女々しくて辛い場所に辿り着いたアイドル

――マーヴィン・ゲイと60年代の感情革命――

『ホワッツ・ゴーイン・オン』
ジャケット

マーヴィン・ゲイ／Marvin Gaye（1939-84）

ワシントンD.C.に牧師の息子として生まれる。高校を卒業後、コーラスグループで活動中にモータウン・レコード社長のベリー・ゴーディ・Jr.に見出される。デビュー前はセッションドラマーも務めたが、61年にソロデビューすると甘い歌声と洗練された物腰、そして抜群のルックスで、女性ファンのみならず同業の女性歌手たちからも憧れの的となる。とくにタミー・テレルとのデュエットで数々のヒットを飛ばしたが、テレルが24歳で夭折したのちは『ホワッツ・ゴーイン・オン』（71）などで新境地を開き、70年代ソウルの旗手としてさらに活躍の場を広げる。

その後、薬物依存や結婚生活の破綻などで苦しみながらも、「セクシャル・ヒーリング」（82）の大ヒットとグラミー賞受賞（83）でみごと復活を果たす。だが翌年、自宅で父親によって射殺されるという非業の最期を遂げた。享年44歳、誕生日の前日の死であった。

◉チャーリー・プースのマーヴィン讃歌

チャーリー・プースがメーガン・トレイナーとデュエットした、その名もズバリ「マーヴィン・ゲイ」（2015）という曲をご存じだろうか。いきなり「さあ、マーヴィン・ゲイしようぜ、やりまくるんだ（Let's Marvin Gaye and get it on）」とはじまる歌詞もなかなかだが、PVがそれに輪をかけて大変なしろものだ。舞台は高校のダンスパーティ。プースがピアノを弾いて歌いだすと、それまで退屈そうにホールを取り巻いていた高校生たちが盛り上がり踊りはじめる。ところがメーガンが登場しデュエットがはじまると、その盛り上がりがおかしな方向に逸れていく。ホールは淫靡な雰囲気に包まれ、激しく絡み合いねっとりとしたキスを交わす高校生たちの姿に、教師たちも戸惑い慌てた様子。そのうちホールのみならず学校中が乱交会場の様を呈し、生徒たちが（もちろん男同士、女同士でも）あちらこちらでもつれあっている。そしてその雰囲気に飲まれたのか、教師たちまでトイレにこもって一戦交える羽目に。

『ミッドナイト・ラヴ』ジャケット

「レッツ・ゲット・イット・オン」、「マーシー・マーシー・ミー」、「トラブル・マン」、「黒い夜（ガット・トゥ・ギブ・イット・アップ）」、「セクシャル・ヒーリング」などマーヴィンの名曲のタイトルをちりばめた歌詞と、モータウン・サウンドを現代に蘇らせたようなメロディとアレンジには、プースのマーヴィンに対するリスペクトが凝集されている。だが「何もここまでやらなくても」と、マー

『マーヴィン・ゲイ・ライヴ！』
ジャケット

ヴィンのファンが戸惑う様子も目に浮かぶようだ。

　この曲とビデオでリスペクトを捧げられているのは間違いなく、70年代以降、とくに『レッツ・ゲット・イット・オン』（*Let's Get It On*, 1973）から、「セクシャル・ヒーリング」の大ヒットを生んだ『ミッドナイト・ラヴ』（*Midnight Love*, 1982）までの晩年の約十年間にイメージが確立された、〈セックス・シンボル〉としてのマーヴィンだ。もともと黒人音楽（ジャズ、ブルーズ、R&Bなど）は性的なメタファーやほのめかしに満ちたものだったのはいうまでもないし、「ロックンロール」ということばも性行為を示すスラングだったというのも、いまさら説明の必要もないだろう。だが今振り返ってみると、このマーヴィンの〈セックス・シンボル〉というイメージは、それ以前の黒人音楽、黒人ミュージシャンのそれとは一線を画すものだった。

　防弾少年団（BTS）のアメリカでの人気について大和田俊之は、「アジア系男子に「かっこいい」という眼差しが向けられたことはこれまでほとんどない」と驚きを隠さない（大和田：2018, 85）。それと同様に、この70年代のマーヴィンが、あの露骨な肉体／セックス讃美にもかかわらず（あるいはそれゆえに）、白人黒人を問わず女性ファンから圧倒的な支持を得ていたこと（『マーヴィン・ゲイ・ライヴ！』（*Marvin Gaye Live!*, 1974）のあの凄まじい歓声を聞いたときは、ほんとうに仰天した）は画期的な現象だったはずだ。それはまさに、はじめて黒人男性が白人男性と同じ「かっこいい」箱に入れられた瞬間だったのではないか。

◉王子様からセックス・シンボルへ

マーヴィンはもともと「黒人のフランク・シナトラ」となることを夢みて歌手を志した。『ソウルフル・ムード』（*The Soulful Moods of Marvin Gaye*, 1961）や『ホエン・アイム・アローン・アイ・クライ』（*When I'm Alone I Cry*, 1964）などのモータウン時代初期のアルバムでは、滑らかな歌声でスタンダードナンバーを歌う洗練されたクルーナーだ。同時期の「スタボン・カインド・オブ・フェロウ」（１９６２）や「ヒッチハイク」（１９６２）、「プライド・アンド・ジョイ」（１９６３）などのヒットシングルでのシャウトする典型的なR＆Bスタイルの唱法とは対照的である。デビュー後はナット・キング・コールに比されることも多かったマーヴィンだが、右記のアルバムでの抑制のきいたスタイルこそ、かれが本来めざしていたものだったのだろう。

だがシナトラをめざしていたのは、「シナトラの歌のスタイルに敬服していたからではなく、そのステイタスに集まってくる女性たちのためだった」（デイヴィス 61）。もともとシャイで女性に対して臆病だったマーヴィンは、女性にモテたいがために歌手を志した。そして皮肉なことに、その女性に対してシャイな態度が、洗練され抑制された立ち居振る舞いとして女性たちの人気を呼ぶのである。容姿も身のこなしも美しい「王子様」（デイヴィス 61）として、女性たちのあこがれの的となったそのモテっぷりは、デイヴィスの伝記でもあますところなくえがかれている。

『ホワッツ・ゴーイン・オン』（*What's Going On*, 1971）以降、なめらかでリラックスした雰囲気の唱法に戻るマーヴィンだが、その伸び伸びとした自然な歌い方がセクシーさの源だとしたら、それはまたおもしろい現象だ。マーヴィンのセックスアピールとは、力強さや逞しさといった「男性性」ではないところに見出されていた、ということだからだ。いずれにしても、60年代の王子様キャラも、70年代の繊細なセックス・シンボルも、一般的な男性性、それも黒人男性に付与される野性性とは対極にある。

ここでひとつ断っておくが、これからわたしがえがきだすマーヴィン像は、あくまで音楽をつうじてファンに届けられる心像（イメージ）としてのマーヴィンである。どうしようもなく感情的で気まぐれでプライドに振り回されつづけた現実のマーヴィンではない。だがそれこそが、わたしたちにとっての〈リアル〉なマーヴィンだろう。

●黒人男性をめぐるパラドックス

歴史学者のジョン・ペテグリューは『スーツを着た獣』（*Brutes in Suits: Male Sensibility in America, 1890-1920*）で、19世紀末のフロンティア消滅によりアメリカ白人男性が自らの男性性をめぐる危機に直面した、と論じている。それまでアメリカ人男性は、自然を征服し占有することで自らの力を確認し、それを基に男性としてのアイデンティティを構築してきた。ところが征服すべき自然が失われ、自分たちの〈男らしさ〉を誇示する場が失われてしまったのだ。これはフロンティア消滅宣言直後の1893年に、フレデリック・ジャクソン・ターナーの有名な論文「アメリカ史におけるフロンティアの意義」ですでに指摘されていたことだが、ペテグリューはこの男性性の涵養の場としてのフロンティアの代わりに、狩猟やスポーツ、あるいは「西部」というトポスが見出されたとつづける。

エドガー・ライス・バローズの『類人猿ターザン』（1914）がベストセラーとなったのも、文明の象徴であるスーツを脱ぎ捨てるとそこに逞しい野性の身体が現れるという男性たちのマスキュリン・ファンタジーを体現するものだったからだ。これはその後のスーパーマンにはじまるアメリカン・ヒーローのモチーフでもある。そして、野性的であることを男性性と等価とする白人男性の視線は、その後も連綿とアメリカ大衆文化のなかで引き継がれていく。

だがここでアメリカ白人男性は、男性性や野性をめぐるパラドックス、あるいは心理的コンプレックスを抱え込むことにもなった。それは人間以下の動物的な存在として貶めてきた黒人男性たちが、逆にその逞しさや野性によって自分たちの〈男らしさ〉を脅かす存在となるからだ。20世紀前半に南部を中心に頻発する黒人へのリンチ事件の多くは、黒人男性が白人女性に性的な働きかけ（ときにはレイプ）をしたというデマによって引き起こされている。そこにはいうまでもなく、白人男性のこの心理的なコンプレックスが強く作用していたのだ。

そして黒人男性歌手やミュージシャン、そして黒人音楽も、白人男性のセクシュアリティへのアンチテーゼとしてあった。黒人は白人より劣った、より動物に近い原始的な存在として差別の対象であったが、それが逆に白人にはない動物的なエネルギーや活力として魅力を発揮するようになっていく。ラジオやレコードによって白人のリスナーに黒人音楽が「クロスオーバー」しはじめた1940年代以降、猥褻でいかがわしく危険な雰囲気漂う黒人音楽に白人の若者が熱狂する。それを当時の（白人の）大人たちが苦々しく眺めていた様子については、今さら詳述の必要もないだろう。

それは、第二次世界大戦後に「若者」が社会的カテゴリーとして認知されていく動きと並行した現象であった。この点については、大和田俊之『アメリカ音楽史――ミンストレル・ショウ、ブルースからヒップホップまで』の第7章で詳しく論じられているのでご参照いただきたい（ちなみにオックスフォード英語辞典によれば“teenager”という語の初出は1940年前後である）。白人の若者たちは、大人たちの求める〈正しい〉若者像に反発し、黒人音楽や新しい時代の文学に新たなモデルを求めていった。J・D・サリンジャー『ライ麦畑でつかまえて』（1951）が若者のバイブルとして受け入れられるのも、ちょうどこの頃だ。

と、ここまではこれまでよく語られている50年代以降の「若者の反抗」というストーリーである。だがこの新たな若者たちの黒人文化への傾倒も、それ以前の世代の黒人への差別や偏見、嫌悪と同じく、「動物的」で「原始的」で「反文明的」な黒人というイメージと分かちがたく結びついているものだ。だとしたら、アメリカ白人たちの黒人観、黒人への差別的な視線は保存されたままで、世代による態度の違いは同じコインの表裏にすぎないのではないか。

60年代のブラック・ナショナリズム運動のなかで、黒人たちが「ブラック・イズ・ビューティフル」と叫んだとき、かれらは白人と同じ美的基準で自分たちを「美しい」と評価するのではなく、白人とは異なる美的基準、審美眼を確立しようとしていた。それは肯定的にせよ否定的にせよ、それまでの黒人に対するステレオタイプをつうじて投げかけられる白人の視線に対する根源的な異議申し立てだったのだ。

先のBTSの例に戻ると、大和田によればBTSを支持しているアメリカの女性ファンには人種的マイノリティがめだつという。つまりBTS人気にも、それまでの白人中心の美的ヒエラルキーに対する異議申し立て、さらにいえば白人とマイノリティが分離した現在のアメリカの状況があるということだ。こうした視点、つまり60年代から70年代の黒人社会の状況を「白人社会」からの分離、分断という観点から改めて見直したとき、マーヴィン・ゲイの特異な立ち位置がより鮮明にみえてくるだろう。

◉60年代の新たな黒人男性像

先述したように、マーヴィンのセクシュアリティとは、それまでの黒人男性のステレオタイプとは一線を画す、都会的で洗練された男性性であった。都会的な洗練といえばまさにモータウン・レコードのサウンドそのものだが、60年代はそれまで黒人とは無縁だったこうした価値観やイメージを、黒人文化がまといはじめる時代だったのだ。その新しい黒人像を提示した代表的な存在が、映画俳優のシドニー・ポワチエである。

シドニー・ポワチエが最初に注目されたのが『暴力教室』（1955）だったというのは、今から考えると皮肉な話かもしれない。この映画がロックンロールという身体性と結びついた音楽の誕生の場であったことは、もはや説明の必要はないだろう。だがポワチエは当時の黒人俳優としては例外的に、肉体的な魅力よりも演技力と知的なイメージで評価されていくことになるのだ。『野のユリ』（1963）で黒人初となるアカデミー主演男優賞を獲得し、『招かれざる客』（1967）や『夜の大捜査線』（1967）ではスペンサー・トレイシーやロッド・スタイガーらの白人名優と堂々と演技で渡り合った。このポワチエが先鞭をつけた新たな黒人俳優像は、現在ではデンゼル・ワシントンらに継承されて、当たり前のものとなっている。

だがこうしたポワチエの活動や方向性は、ネルソン・ジョージらの文化的・民族的本質主義者たちには、「優等生的」「白人に媚びている」と評判が芳しくない。それはまさにモータウンが「黒人的でない」と批判されたのと同根で、そこには黒人たちの歴史や運動のなかでつねに議論となってきた、「同化（assimilation）」か「分離（segregation）」かをめぐる問題が横たわっているのだ。

公立学校における人種分離政策を違憲としたブラウン判決（１９５４）や、マーティン・ルーサー・キング牧師が主導したモンゴメリー・バス・ボイコット運動（１９５５）によってはじまったとされる公民権運動は、大まかにいって「同化」をめざす運動であった。白人と黒人が同じ社会のなかで同等の権利を得ることを最終目標とするこの運動は、往々にして人種や文化の差異をできるだけフラットにし、黒人たちを主流文化に溶け込ませる方向へといざなう傾向があった。

それに対し、マルコムX、ネーション・オブ・イスラム、ブラックパンサーなどに代表されるブラック・ナショナリズムとよばれる運動は、黒人の文化的独自性、自律性を強調し、白人と黒人を社会的に分離したうえでの平等を求めるものだった。

非常に乱暴な切り分け方かもしれないが、この二つの方向性が60年代の黒人運動を動かしていたのは間違いない。そして後者を支持する人たちは、モータウンよりはスタックス／ヴォルトを、ポワチエよりは『スウィート・スウィートバック』（１９７１）のようなブラックスプロイテーション映画を評価する。だが大和田をふたたび引くと、「他の時代に比べてこの時期に「人種」という社会的カテゴリーの影響力が低下した」（大和田：2011, 199）のも事実である。そこからマーヴィンのセクシュアルな魅力を再考していこう。

◉黒人男性と白人女性をめぐる〈感情革命〉

ポワチエが出演した『招かれざる客』は、黒人男性と白人女性の結婚をめぐるドラマであったが、この映画の公開と同年、いわゆるラヴィング判決によって異人種間結婚を禁じる南部各州の法律が違憲とされた。１９５８年にラヴィング夫妻の逮捕によってはじまったこの裁判は、65年に連邦最高裁にもち込まれるとともにアメリカ全土の注目を集めるのだが、おそらく『招かれざる客』もこの裁判にヒントを得て制作されたのだろう。

この映画およびラヴィング夫妻について重要なのは、どちらも男性が黒人、女性が白人というカップルであることだ。その逆のパターン、白人男性に黒人女性というカップリングはそれまで、合法か否かを問わず、珍しいものではなかった（もっとも有名なのが、奴隷女性サリー・ヘミングスを愛人としたとされる第3代大統領トーマス・ジェファーソンだろう）。これはジェンダー／セクシュアリティにおける男女間の非対称という問題として考察に値するものだが、それはここではおいておく。それより重要なのは、黒人男性が白人女性を妻にする、男女関係をもつという関係が、先述した白人男性たちの心理的コンプレックスが現実化したものだ、ということである。長い間アメリカで異人種間結婚へのはげしい抵抗があったのは、そこに源がある。

ではひるがえって、白人女性の側には心理的抵抗や葛藤は存在しなかったのであろうか。もちろん個人差はあろうし、賛成か反対という二極だけではないだろう。意見は千差万別だ。だが、女性の側にはこうした関係性を肯定的にとらえる文脈が存在していた。それは近代以降の社会で進行していた〈感情革命〉とよばれる事態である。

イギリスの社会学者アンソニー・ギデンズの『親密性の変容――近代社会におけるセクシュアリティ、愛情、エロティシズム』（１９９２）によれば、近代社会における結婚は生存と生殖から遠ざかるとともに、ロマンティック・ラヴに接近していく。生き残るため、子孫を残すためではなく、愛し合う男女が結ばれるのが結婚である、という考え方が主流になっていくのだ。セクシュアリティが妊娠・出産から切り離されるとともに、男女間の結びつきも、それまでの男性による女性の支配という不均衡・不平等なあり方から、感情的緊密さ、親密な関係性に基づく対等なものへと変容する。この〈感情〉に基づく新たな関係性の構築をギデンズは〈感情革命〉とよび、「近代の諸制度全体を崩壊させるような影響力」（ギデンズ 14）をもちうるとしている。

ギデンズはこの感情革命を、産業革命以降の労働改革とそれに伴う結婚制度の変質という長いタイムスパンでとらえようとしている。だが、そこまでの長期的な視座に立たずとも、アメリカの50年代以降の第二派フェミニズムのなかだけでも同様の事態は進行していたことはすぐにみてとれるだろう。男女関係における女性の主体性の獲得、性的抑圧からの解放と対等な関係の構築、これらがフェミニストたちのめざす男女のあり方だった。女性を支配し抑圧するという旧来の男性性にいまだにとらわれている白人男性よりは、同じく被抑圧者であった黒人男性との方が、よほど感情的な繋がりに基づいた対等な関係を築きやすいと考える白人女性が増えても不思議ではない。

この〈感情革命〉を軸としてみたときに、マーヴィン・ゲイが提示した新たな黒人男性のセクシュアリティのあり方こそ、女性ファンの圧倒的な支持を引きつけたものだったのだということがみえてくる。そしてマーヴィン以降、その「感情的緊密さ」や「親密な関係性」をもっともよく表現したのが、マイケル・ジャクソンだった。マイケルの『スリラー』（*Thriller*, 1982）が「セクシャル・ヒーリング」でのマーヴィンの復活と同年だったのはあくまで偶然だったのだろうが、このマイケルの驚異的な成功には、その意味ではなんら不思議な点はない。

◉〈女々しい〉アイドルとしてのマーヴィン

「レッツ・ゲット・イット・オン」以降、マーヴィンはあからさまにセックスを歌いつづけた。だがそこでのセックスは、あくまで対等な関係性の表現である。歌われる内容も、抑え込んできた感情の爆発（「レッツ・ゲット・イット・オン」）だったり、懇願（「プリーズ・ステイ」）だったり、恨み言（「ジャスト・トゥ・キープ・ユー・サティスファイド」）だったりと、決して「男らしく」ない姿を無防備にさらけだすものだ。あるいはひたすら「きみが欲しい」（「アイ・ウォント・ユー」）と訴えつづけるだけだったりもする。そしてかれにとってセックスは、不安定な自分の感情への「治療」でもある（「セクシャル・ヒーリング」）。これらのなかに決して登場しないのが、男性による女性の性的支配、一方的な欲望の吐露だ。女性をモノではなく、感情や意思をもつ対等な存在として扱うこと。マーヴィンが歌いつづけたセックスは、ある種のコミュニケーションなのである。

それ以前、たとえば『ホワッツ・ゴーイン・オン』でのマーヴィンも、愛による憎しみの克服（「ホワッツ・ゴーイン・オン」）や、子どもたちを守ること（「セイブ・ザ・チルドレン」）や、環境破壊への嘆き（「マーシー・マーシー・ミー」）などを、「内省的」に歌っていた。そこでは怒りや暴力は絶対に肯定されない。だがこうした姿勢は、ある種の男性たちの眼には「女性的」、さらにいえば「女々しい」と映ったかもしれない。

マーヴィンの死後、ヒップホップの台頭とともに、愛ではなく差別や貧困への怒りを暴力的な表現にのせることが当たり前となる。90年代には、分離主義運動を再評価する動きがはじまる。スパイク・リー監督の『マルコムX』（1992）は、それまでマーティン・ルーサー・キング牧師の融和主義に比して低く評価されがちだったマルコムXとネーション・オブ・イスラムの戦闘的ブラック・ナショナリズムを見直す契機となった。そんな時代に「優男の成功者」であるマーヴィンのメッセージは届きにくい。だが、その感情的な紐帯をひたすら求める姿勢が、時代や国を越えた共感を得てきたのも、間違いない事実である。

ジョージ・リプシッツは人種民族問題の専門家の立場から、六〇年代の若者文化は決して「革命的」ではなかった、という。その時代のアメリカの音楽や文化は直接的な社会変革よりも、新たな自己認識からはじまる意識改革を志向していた。だがその結果、現実の社会的問題に背を向け現実逃避に堕してしまった、と手厳しく糾弾する（「フール・ストップ・ザ・レイン――若者文化、ロックンロール、社会的危機」）。だが、こうしたリプシッツのシニカルな60年代論が見落としているもの、それが先に挙げた60年代以降のセクシュアリティの変容とブラック・ミュージックの関係性であり、そのミッシングリンクを埋める存在としてのマーヴィン・ゲイだ。マーヴィンは、人と人の感情的な紐帯をファンに届けつづけた。このファンとのあいだに感情的な紐帯を築くのが「アイドル」とよばれる存在だとすれば、間違いなくマーヴィンは60年代、70年代を通じて最大の「アイドル」の一人だった。

アイドルとはある意味「女々しい」ものかもしれない。それこそ日本のバンド、ゴールデンボンバーが唄うように、マーヴィンが恋の歌を歌いつづけて辿り着いた世界は「女々しくて」辛かったかもしれない。だがそれでも、その「女々しさ」を生き抜いたマーヴィンは、暴力や権威がなしうるよりもよほど大きなものを、われわれの心に残しつづけている。

第13章

ケンドリック・ラマーと内省のアメリカ文学

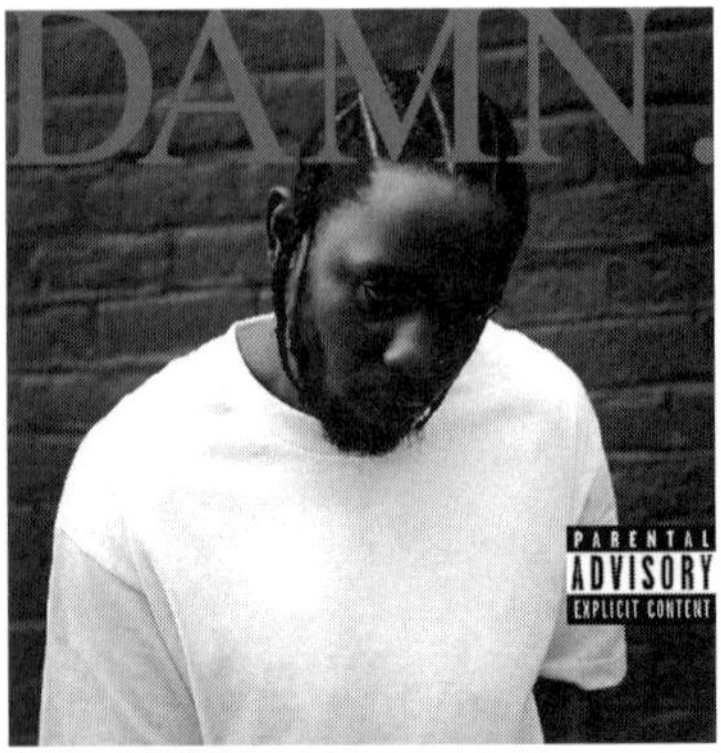

『ダム』ジャケット

ケンドリック・ラマー／Kendrick Lamar (1987-)

カリフォルニア州コンプトンで生まれる。元ストリート・ギャングの父をもち、街にもギャングが跋扈する環境のなか、真面目に学業に取り組む成績優秀な生徒であった。16 歳の頃からミックステープを自作しはじめ、地元のインディーズ・レーベルと契約を結ぶ。2009 年にそれまでのステージネームから本名に戻し作品を発表、12 年にメジャー・デビューを果たす。3 枚目のアルバム『トゥ・ピンプ・ア・バタフライ』(15) がメディアで絶讃され、同年のグラミー賞では 11 部門にノミネートされる（マイケル・ジャクソンに次ぐ史上二位の記録)。2017 年の『ダム』は各種メディアで年間ベストアルバムに選出された。

2018 年には、ラッパーとして初めてピューリッツァー賞を受賞、名実ともに現代のアメリカを代表する表現者として認知され、ボブ・ディランの次のノーベル文学賞候補とまで評価されている。

◉表現者としてのラマーとピューリッツァー賞

ケンドリック・ラマー（以下ＫＬ）のピューリッツァー賞受賞は、さまざまな反響と議論を巻き起こした。たとえばアルバム『ダム』（２０１７）が授賞対象となったことについて、それ以前の二作、とりわけ『トゥ・ピンプ・ア・バタフライ』（２０１５）こそ受賞にふさわしかったのでは、という声もあがった。また、ボブ・ディランのノーベル文学賞受賞（２０１６）と並んで音楽の社会的意義への評価ととらえたり、逆に過去のピューリッツァー賞受賞作品と同列の革新的な現代音楽家作品として位置づけられたとの分析もあるなど、その受賞をどうとらえるかについては、いまだに意見が一致しているとはいいがたい状況だ。

『トゥ・ピンプ・ア・バタフライ』ジャケット

そのなかでも、とくに芸術性の評価という観点は重要だろう。それはこのＫＬの受賞で評価されたのがラップ／ヒップホップというジャンル全体なのか、あるいはＫＬという傑出した個性とその芸術性なのか、という議論を呼んでいるからだ。大和田俊之と長谷川町蔵は『文化系のためのヒップホップ入門３』で、「突出した個人」の表現とその器としてのアルバムという概念を否定するのがヒップホップ文化である、と再三指摘する。この大和田らの立場からすれば、ＫＬの受賞はヒップホップシーンへの評価ということになるだろう。

一方で、ＫＬという傑出した表現者とその芸術性の称揚という観点から、ヒップホップの成熟と進化／深化の表れととらえることも可能だろう。現に大和田も、KLのライムの文学性を高く評価している（「USヒップホップの交差する地平」、『ユリイカ　特集＊ケンドリック・ラマー』）。また藤永康政は「ラマーも、ブラック・ポリティックスも、そのどちらにも優越性を与えることなく考察すること」で、「ラマーという内省的で実存的な存在を、政治的運動へと」接続せずに「二一世紀のブラック・アメリカのなかで位置づける」ことを試みている（「キングのヴィジョン、マルコムの呪い、ニガ、ハイパワー！――ケンドリック・ラマーとブラック・ポリティックス」、『ユリイカ　特集＊ケンドリック・ラマー』）。これまでストリートの「政治」に従属するものとして論じられてきたヒップホップに、こうした新たな評価軸をもたらしたという点でも、KLの功績は大である。

これらのラマー現象ともいうべき昨今のKLへの評価の高まりは、間違いなく一人の表現者としてのKLの卓越性と密接にかかわりあっている。だが、そのような評価の試みは端緒を開いたばかりだ。川村亜樹の『ヒップホップの政治学――若者文化によるアメリカの再生』のように、これまでアメリカ文学研究者がラップ／ヒップホップを論じる場合、アメリカ黒人や若者の文化という歴史的・社会的・文化的コンテクストのなかで議論を繰りひろげるのが常道であった。同じくアメリカ文学者である矢倉喬士は、トリーシャ・ローズの『ブラック・ノイズ』（1994）などを挙げ、これまでも「ラップを英詩や文学の伝統に位置づける試み」はあったと指摘しているが、そこで論じられていたのは、やはり主として総体としてのラップ／ヒップホップであった。（「ムーン・ウォークでマーチして――アメリカ文学として読むケンドリック・ラマー」、『ユリイカ　特集＊ケンドリック・ラマー』）。

だが、すでに状況は変わりつつある。KLについては表現者としての卓越性にフォーカスし、その美学的特質とオリジナリティを論じる段階にきているだろう。本章では、そのKLの単独性、卓越性を、従来のラップ／ヒップホップに対する音楽的・政治的な視線からではなく、アメリカに蓄積された文学・文化の共同体性のなかでとらえてみたい。

●ラマーと「内省」

KLについて文学的に考察するにあたり、もっとも重要なキーワードはもちろん「内省」だ。ただこれは、現在のヒップホップシーンにおいてはKLの専売特許というわけではない。大和田と長谷川も、ラップ／ヒップホップの「内省化」について、すでに2012年の時点で指摘をしている。「弱い自分とか、孤独な自分」を歌うのは「ロックの専売特許」であったのが、ゼロ年代以降のヒップホップシーンで、カニエ・ウェストを筆頭に「弱さ」や「脆さ」を前面に押し出すラッパーが登場してくる。その代表として二人が真っ先に挙げたのが、デビュー直後のKLであった（『文化系のためのヒップホップ入門2』）。

今もつづく黒人への制度的差別と警察による暴力への抗議としてはじまった「ブラック・ライヴズ・マター」（BLM）という運動で、KLの「Alright」がプロテストソングとして位置づけられた。ここからKLを、ヒップホップと現代の社会運動との結節点として評価する立場もあろう。だが一般的には、社会運動からは距離をおき、「社会的な行動より個人の内面を掘り下げることを重視する。（中略）一人ひとりが己と向き合い、自尊心を持つことで社会は変わると考えている」内省的な表現者であるとみなされている（牛田悦正「ケンドリック・ラマー、この人間の無力」、『ユリイカ　特集＊ケンドリック・ラマー』）。

そもそも、「内省的」であるとは、具体的には何を意味しているのだろう。一般的には非政治的な、「個」の内面を重視しその苦悩や絶望や、ときに喜びを普遍的に表現する、そうしたスタンスをさすと考えればいいのだろうか。矢野利裕はKLの音楽について、「黒人／白人という区別が失効」した場所で、「主に白人によって育まれてきた内省的な響き」を奏でる「非―黒人的」な側面を強調している（「どこから来たかじゃねえんだよ、どこにいるかなんだよ」、『ユリイカ　特集＊ケンドリック・ラマー』）。人種を基盤としたアイデンティティ・ポリティクスが失効しつつある現代において、黒人コミュニティ内部においても多様な政治的、文化的表現が生まれており、そのある側面をKLが体現している、ということであろう。

だが、そもそもブラックネスとは「差別」や「貧困」や「暴力」とのみ結びついていたものではないし、黒人による表現はつねに、そうした直接的な政治的アピールでしかなかったわけでもない。政治的な意見表明と内省的表現、政治と芸術、あるいは白人的＝内省的／黒人的＝政治的のような単純な二項対立でとらえるのでは、KLの「内省」がポリティカルな選択であることを見誤る恐れがある。この点について考察するためには、まずはアメリカ文学における「内省」の政治性から、あらためて見なおす必要があるだろう。

◉アメリカ文学と「内省」

アメリカ文学が「内省」の文学であったのは、アメリカ社会の成り立ちと大いにかかわっている。アメリカ建国の父祖として知られるピルグリム・ファーザーズは、原理主義的なプロテスタントの一派であるピューリタンだった。そして、そのかれらを先駆とする北部の植民地（1630年のマサチューセッツ湾植民地がその代表）は、神の国の建国という目的にまい進する宗教的コミュニティを作り上げた。この厳格なピューリタン社会の偏狭さがもっとも苛烈な形であらわれたのが、セイラム魔女裁判（1692）である。

この偏狭な宗教的共同体では、娯楽としての芸術、文学は信仰からの逸脱とみなされ、厳しい批判の対象となった。すべての人間の営みは神の国への奉仕のために存在すべきである、という信念のもと、文学や演劇といった創造活動は抑制され、文学的表現は歴史書、自伝、日記、伝記、説教などのノンフィクション、記録文書などに限定された。

そしてこれらのジャンルは、ピューリタンたちの宗教的敬虔さのアピールの場ともなった。日々の生活のなかでいかに神をつねに意識し、その教えにいかに忠実にしたがっているか。この宗教的敬虔さを競うピューリタンたちの「内省」に特化した表現が、その後のアメリカ文学の最重要な主題とスタイルを形成していくことになる。19世紀の超絶主義者ラルフ・ウォルド・エマーソンは「自己信頼」（1841）などの思索的エッセイで、個人のうちに潜む神性と善を称揚し、人間存在の無限の可能性についての思索を繰り広げた。同時期のウォルト・ホイットマンやヘンリー・デイヴィッド・ソローも、アメリカやアメリカ人、民主主義、自然、性などについての思考を、詩やエッセイとして表現した「内省」の文学者である。不世出の女性詩人エミリ・ディキンスンも含め、ことばや自己に無限の可能性をみいだすのが、「内省的」なアメリカ文学の伝統であったのだ。

そんなアメリカ文学において社会や政治が前景化してくるのは、19世紀後半のリアリズムの時代である。だが、その代表的な作家であるマーク・トウェインにしても、社会と個人を対比的にえがきながら、あくまで軸足は後者にある。代表作である『ハックルベリー・フィンの冒険』の一人称の語りは、内省の表現を新たなリアリズムの様式に組み込むための実験だった。このトウェインの語りが20世紀小説の手本となり、「内省」の系譜はその後も連綿と引き継がれていくのだ。たとえば、一般的にはハードボイルドな作家とみなされるヘミングウェイにしても、『老人と海』（1952）を読み返せば、意外なほど繊細に老人や少年の心理や内面が紡ぎだされていることがわかる。

近年の作品、作家についても、ドン・デリーロの『墜ちてゆく男』（2007）、スティーヴ・エリクソンの『エクスタシーの湖』（2005）、コーマック・マッカーシーの『ザ・ロード』（2006）、ジョナサン・サフラン・フォアの『ものすごくうるさくて、ありえないほど近い』（2005）などのポスト9・11小説がそろって、奇妙なほどの静けさをたたえた実験的な小説であるのも興味深い。2001年に起きた同時多発テロという暴力的な事件に対しての怒りや悲しみといった直接的で感情的反応ではなく、この歴史的悲劇をめぐる内省と思索が、これらの作品の根底にある。

◉マイノリティによる「内省」の簒奪

しかしながら、このアメリカ文学における「内省」の伝統とは畢竟、アングロサクソンを中心とする白人文学のそれであった。20世紀の初頭に発生したハーレム・ルネサンスやユダヤ・ルネサンスといったマイノリティ文化の興隆のなかでは、社会的行動や政治的異議申し立てが、より重要な主題とされていた。それはもちろん、そうした社会的マイノリティの政治的な課題を反映したものでもあった。

またそこには、白人主流文学が「内省」や「内面」という主題を特権化し独占することで、そうしたマイノリティ文学を一段低く扱い、ヒエラルキーを固定化するという側面もあった。19世紀末から20世紀初頭にかけて、D・H・ロレンスのアメリカ文学論をきっかけにアメリカ文学の評価がはじまる。そのなかでハーマン・メルヴィルらが「再発見」され、ニューイングランド中心、アングロサクソン中心のアメリカ文学史が構築される一方で、当然のことながら、それ以外の地域や人種の作品は周縁へと追いやられていく。そして白人文学の「精神性」に対して、マイノリティ文学はある種の「身体性」を基準として評価される軸が形成されていくのである。

そのなかでも黒人文学は、フレデリック・ダグラスにはじまる奴隷体験記（スレイヴ・ナラティヴ）から、いわゆる「抵抗の文学」であることを求められていく。リチャード・ライトの『アメリカの息子』（1940）を頂点とする、社会的差別や迫害に抗議する抵抗文学こそが、白人目線での黒人文学の価値とされていくのだ。

もちろん、思索的な黒人作家も数多く存在した。ネラ・ラーセン（『白い黒人』1929）やゾラ・ニール・ハーストン（『彼らの目は神を見ていた』1937）、あるいはラングストン・ヒューズなどは、黒人としてのアイデンティティについての深い思考を展開した、まさに思索的、内省的な作家であった。だが皮肉なことに、かれらの場合はその政治性の希薄さが批判の対象となった。黒人やその他のマイノリティ作家たちに求められたのは、まず社会正義や公正への意識と異議申し立てだったのだ。そしてその根底には、精神／形而上を身体／形而下の上位におく、西欧的ヒエラルキーが働いていたのは間違いない。こうして、精神性の高い白人文学と、現実的で政治的なマイノリティ文学という構図がつくられていく。

この黒人文学＝抵抗文学という固定観念にくさびを打ちこんだのが、ラルフ・エリスンの『見えない人間』（1952）やジェームズ・ボールドウィンの『ジョヴァンニの部屋』（1956）などだ。後者は白人同性愛者を主人公として、それまでの白人作家による黒人の表象という文学的搾取の図式を逆転させてみせた。そしてそれは、分断内部での覇権闘争のような、狭義の政治性ではない。白人の専売特許であった「内省」の、黒人たちによる盗用あるいは逆搾取という、より本質的な政治的闘争だったのだ。

エリスンの『見えない人間』はまさに、白人社会を逆搾取する黒人の物語であった。主人公はある事件をきっかけに、数年間にわたり廃墟となったビルの地下室に引きこもって暮らしている。その地下室は盗電による電力で、１３６９個もの電灯が煌々と輝く場所だ。名もない主人公はこの盗みに対して、「僕は電力会社に対して闘っているのだ（中略）。この闘いは僕に生き生きとした生命感を感じさせてくれる」といいはなつ。この盗電の仕掛けなどはすべてこの主人公の手によるものであり、「器用人間であることにかけては、アメリカ人の偉大な伝統をうけついでいるのだ」とうそぶいたりもする。さらに皮肉なことには、この主人公が、社会から疎外され「見えない人間」とされている黒人であるがゆえに、白人に暴行を加えても逮捕されることもない。これらはまさに、白人社会に搾取されつづけてきた黒人が、今度は逆に白人社会を経済的、政治的に搾取する行為だ。

そしてこの『見えない人間』という作品自体、さまざまな西欧文学のスタイルや技法を応用、ときには盗用して書かれている。作品の設定自体はドフトエフスキーの『地下室の手記』（１８６４）にヒントを得ていることはよく指摘されるが、物語の進行にしたがって、自然主義（ナチュラリズム）からモダニズム、表現主義、そしてシュールレアリズムと、多様な文学上のスタイルを散りばめて書かれている作品でもある。つまりはさまざまなレベルで、白人や西欧の文化を簒奪しながら、白人の専売特許であった内省や独白のスタイルを採用した黒人小説こそ、この『見えない人間』なのだ。

ここでようやく、KLをアメリカ文学の文脈に接続する道筋がはっきりとみえてきたように思う。それはアメリカ文学史におけるブラックスプロイテーションという戦略だ。

◉コミュニティの分断とブラックスプロイテーションの変容

ブラックスプロイテーションとは、1970年代初頭からはじまった、黒人による黒人のための映画ジャンルである。一般的には、「ファンキーなソウル・サウンドをバックに黒人の主人公がカッコよく暴れ回る（主として）アクション映画をさしていて、スクリーンの中で主人公が派手に活躍する姿を観て現実の憂さを晴らそうとする黒人の観客から小銭を巻き上げる（エクスプロイテーション）映画」とされる（アイスバーグ・スリム『ピンプ』訳者あとがきより）。よくまとまった定義だが、ここでひとつ付け加えるべきは、それまでのエンターテイメント映画での白人と黒人の役割を逆転させた、という点である。

それまで白人に経済的にも文化的にも搾取されつづけてきた黒人が、今度は自分たちで映画製作に乗りだし、そのなかで白人も黒人も等しく経済的搾取の対象とする。それがブラックスプロイテーションのもっとも重要な側面である。それは人種を超えた、資本主義の論理を黒人がわがものとする戦略だからだ。

ブラックスプロイテーションの幕開けとされる作品が、メルヴィン・ヴァン・ピーブルズ監督・主演による『スイート・スイートバック』（1971）である。白人警官を殺害し、ひたすら警察の手から逃れるために逃亡するだけの映画なのだが、正義や法を頭脳で出し抜くという、いわゆるピカレスク的なプロットを簒奪した映画だった。この後のブラックスプロイテーションは『黒いジャガー』（1971）や『スーパーフライ』（1972）など、アクション中心のスタイルにシフトしていくことになるが、そこにはブラックパワー・ムーヴメントに結びつくような、力による権利の獲得という精神が流れていたのも間違いないだろう。

先に挙げた『スイート・スイートバック』で主人公の子ども時代を演じていたのは、監督の息子マリオ・ヴァン・ピーブルズだった。このマリオは成人ののち、まず俳優として映画界に入り、さらには自らメガホンを握り映画製作に乗りだす。その最初の監督作品が『ニュー・ジャック・シティ』（1991）であった。この全米で社会現象を引き起こしたギャング映画は、黒人の麻薬王ニーノ（ウェズリー・スナイプス）と二人の刑事、白人のニック（ジャド・ネルソン）と黒人のスコッティ（アイス―T）との闘いをえがく。ニーノはドラッグによって地位と富を築きあげる冷酷なギャングであるが、そのドラッグは人種の区別なく人々を蝕んでいく力である。まさに黒人であるニーノが白人に代わり、アメリカ社会を食い物にしていくのだ。マリオはその後も『黒豹のバラード』（1993）で黒人のカウボーイと白人の圧政者たちとの闘いをえがくなど、新たな時代のブラックスプロイテーションの寵児として活躍していく。

この90年代以降のブラックスプロイテーションで可視化されていくのが、黒人コミュニティの分断である。70年代のブラックスプロイテーションが白人対黒人の単純な二項対立的な図式に則っていたのに対し、『ニュー・ジャック・シティ』でえがかれるのは、より複雑な力学にもとづく搾取の体系である。黒人の上流階級や中産階級の増加が80年代後半から顕著になり、たとえばコリン・パウエルやコンドリーサ・ライスが、民主党ではなく共和党、それもウルトラ保守のブッシュ政権の国務長官を務めたのも、旧来の保守／リベラルの枠内で、公民権運動にはじまる人種政策を考える時代ではなくなったことを示している。

その一方で、大都市部（インナーシティ）の貧困と荒廃が進み、黒人地区のスラム化と犯罪の増加が社会問題となる。KLの生まれ育ったコンプトンはその代名詞ともいえる地区で、N・W・Aの「ストレイト・アウタ・コンプトン」（1988）で暴力と犯罪、ギャングとドラッグの街として、一躍その名を全米のみならず世界中に轟かせた。この黒人内部の二極化は、「多文化主義が興隆するなかで選択的に『黒人文化』の認知と受容が進む一方、また別の『黒人』が創りあげられ、デモナイズされる」世界を現出させた（藤永「キングのヴィジョン」）。BLMを巡っても、従来の公民権運動との連続性よりも緊張関係が指摘されている。

じつは黒人内の階級や格差は今にはじまった問題ではないのだが、近年になってより明確に可視化されてきたのは、やはりヒップホップによるところが大きい。ヒップホップは「デモナイズ」されたスラムの黒人たちの声であり、分断された黒人たちの状況を訴えるジャンルでもあるのだ。

『ニュー・ジャック・シティ』でニーノを演じたウェズリー・スナイプスはよく知られているとおり、マーティン・スコセッシが監督を務めたマイケル・ジャクソンのPV「BAD」で注目を集め、映画『メジャーリーグ』（1989）で一躍スターダムに駆けあがった演技派俳優である。『メジャーリーグ』のウィリー・メイズ＝ヘイズのような、いかにも「黒人」的な陽気で饒舌なキャラクターから、『ニュー・ジャック・シティ』や『デモリションマン』（1993）などでの冷酷で凶悪な犯罪者まで、幅広い役柄を演じわける技量が高く評価されている。ハリウッド史的にはシドニー・ポワチエからデンゼル・ワシントン、モーガン・フリーマンへといたる知的で洗練された俳優たちとは異なり、その後のクリス・ロックやウィル・スミスなどへとつながる黒人性格俳優という新たな系譜を作りあげた存在だ。そのウェズリーをテーマにKLが作った作品が、いうまでもなく、「Wesley's Theory」である。

ウェズリー・スナイプスは2008年に脱税で有罪となり、2010年から13年にかけて連邦刑務所に収監された。出所後は俳優業に復帰しているが、この3年間の禁錮刑は、ウェズリーのキャリアにとって大きなダメージとなっただけではない。黒人の成功者の代表であるウェズリーですら、かくもあっさりと国家によって足元をすくわれる状況に追いこまれてしまう、いまだ危うい状況であることを知らしめることになったのだ。その現代の黒人をめぐる不安定な状況を、KLは「四方の壁が崩れてきたら、どうやって抜け出す？／自分を見つめなおせ／やつらはいったん持ち上げといて、それから足元をすくってくるんだ（To Pimp a Butterfly）」と告発する。

ここで言われる"To Pimp a Butterfly"「蝶から搾りとる」とは、成功をおさめた「蝶」のような華やかな存在から、あらゆるものを搾りとるシステムをさすのだろう。ウェズリーのような成功者ですらその餌食となる搾取のシステムは、だが次の「フォー・フリー？」で別の姿をとる。それがこのタイトルにもある「ピンプ」である。

◉ピンプと「内省」の搾取

「ピンプ」（Pimp）とは、一言でいえばポン引きだ。社会的・性的な搾取として売春があり、そこで娼婦を搾取する存在である。1970年代はピンプの黄金時代だった。ダリウス・ジェームズは『ザッツ・ブラックスプロイテーション』（未訳）で、ピンプを民間伝承に登場する「悪い黒人」（"the bad nigger")の系譜に位置づける。それはブルーズの「情夫」("back door man")やアンクル・リーマスの「ウサギどん」("Brer Rabbit")に連なるトリックスターであり、知恵によって社会の慣習や法をかいくぐり白人たちを出し抜く存在だ。「おれたちを尊重しない社会を尊重してやる筋合いはない。おれたちのすべきことは、捕まらないことだけだ」とうそぶくピンプたちは、ドラッグの売人らと同様に、言葉遊びや造語によって、人種差別にまみれた白人の言語を盗用し転倒させ破壊する。以上がジェームズのピンプ観である。

そのピンプという存在を広く世に知らしめることになったのが、アイスバーグ・スリムの自伝的小説『ピンプ』(1967)だ。この作品は、娼婦たちを恐怖と暴力で支配するその冷酷なふるまいに、「クールを通り超してコールドだよ。冷たくて、まるで氷山のように動じない」と評された伝説のピンプの生涯をえがく。その鬼畜のようなピンプに、作者自身がどのていど投影されているのかは定かではないが、この一人称の語り手をつうじて作者は、ピンプがアメリカ社会でもつ意味や機能を身もふたもないほどあからさまに示す。それは己の才覚のみで世を渡ろうとするセルフ・メイド・マンのパロディであり、また白人に搾取されつづけた黒人による逆搾取という戦略なのだ。

長い間、黒人女性は白人男性による性的搾取を被ってきた。ピンプが行なっているのは、それをビジネスとして、白人男性を経済的な搾取のシステムに組み込むことだ。白人の男たちに黒人娼婦をあてがい、金をむしりとる。そして黒人のみならず白人の女性をも娼婦という道具とすることで、今度は黒人男性が白人女性を性的に搾取する。これが『ピンプ』で示される逆搾取の構図だ。

もちろんここには、一方的に搾取されつづける女性の側の視点が欠如している。とくに黒人女性は、黒人であることと女性であることの二重の搾取を被ってきた(この状況は、アリス・ウォーカーの

『カラーパープル』（1982）によって、世に知らしめられた）。この一点をしても、現代の読者がスリムのようなピンプに肩入れすることは、まず不可能だろう。

だがそれでも、このピンプという黒人による主流社会の逆搾取は、重要な現象である。それはブラックパワー・ムーヴメントにつうじるロジックの上に成り立っているからだ。それまで黒人を暴力によって沈黙させていた白人たちから、その手段としての暴力を簒奪しようとしたのがブラックパワー運動であった。ピンプは暴力ではなく頭脳で、そして金の力によって白人たちを出しぬき、その支配を転倒させようとする。まさにトリックスターなのである。

「For Free?」から何度も繰り返される「このイチモツはタダじゃないぜ（This dick ain't free）」というフレーズは、娼婦を支配するために自分の性的能力を利用するピンプたちの戦略を的確にあらわす。すべてが金銭、経済、資本の論理で動くアメリカ（Uncle Sam）への皮肉でもある。「King Kunta」も、ピンプの視点からの歌と考えれば、"yam"や"run the game"などの隠されたニュアンスも感じ取ることができるだろう。この歌はラッパー同士のビーフ（喧嘩。揉め事）を、ピンプの勢力争いに重ね合わせて歌っているのだ。「These Walls」で歌われる刑務所の中の様子とそこでの回想と内省は、アイスバーグ・スリムの刑務所体験とも共鳴し、一方で"walls"が俗語で女性器をさすことも念頭におけば、この曲がまた頭脳と性的能力で世渡りをするピンプについての歌であることも理解できる。

一方で、「Institutionalized」では「自分のケツも拭けねえヤツに、何も変えられやしねえぜ」と自虐的に語り、さらに自責の念に満ちた「u」や、無力感への嘆きと励ましのことばが交差する「Alright」を経て、アフリカ体験に基づいた「Momma」から「How Much a Dollar Costs」で自分の状況やルーツと向き合い、その後もさまざまな葛藤をへながら「i」でようやく、自己嫌悪のはての救済、自尊心の回復の境地にたどりつく。

この『トゥ・ピンプ・ア・バタフライ』というアルバムは、KLの個人的来歴とその苦悩、そして自尊心の回復への軌跡という個人の物語を、アフリカン・アメリカンの過去と現在に重ねあわせる野心的な試みであったということは、つとに指摘されている。そこでジャズやファンクを意識的に取りいれた音作りがされているのも、その証左であろう。だがそこからさらに、ピンプというトリックスター的存在を介在して、白人の経済的・文化的支配を簒奪しようとするブラックスプロイテーションの文脈へと接続してみれば、その射程がさらに延び、重要性も増すはずだ。

そしてKLが簒奪したのは、「内省」という、まさに白人の主流文化が自らを特権化するために利用してきた主題でありモチーフであった。黒人やインディアン、その他のマイノリティにはかつて許されなかった「内面」を語る「内省」の表現を、黒人文学が獲得しようとしてきた歴史を、KLは引き継いでいる。KLという表現者の孤独な闘いはまさにはじまったばかりだ。

第 14 章

ウッドストック、ロックとカウンターカルチャー
――再考と再評価の試み――

『Music From Original Soundtrack & More: Woodstock』ジャケット

ウッドストック・フェスティバル／Woodstock Music and Art Festival（1969. 8.15～17）

ニューヨーク州の郊外の農場で三日間にわたり開催されたロック・フェスティバル。約40万人の観客を集め、ポピュラー音楽の歴史に残るコンサートといわれる。また1960年代のカウンターカルチャーを象徴するイベントでもある。
当初は2万人規模のコンサートの予定であったが、続々と有名ミュージシャンの出演が決まり話題となったため、主催者の予想以上のチケットが売れ、さらにその倍以上の観客があつまった。あまりの観客の多さに入場制限もできず、事実上の無料コンサートとなった。そうした混乱した状況にもかかわらず、暴力事件も報告されず、参加者が協力し合いながらイベントを成功に導いた様子は、「ウッドストックの奇跡」と称されている。

ジョーン・バエズの「ウイ・シャル・オーヴァーカム」など、今に語り継がれる名演も多い。このコンサートの模様を記録した映画『ウッドストック／愛と平和と音楽の三日間』は70年に公開され、アカデミー長編ドキュメンタリー映画賞を受賞。

◉カウンターカルチャーは死んだのか

ウッドストック・フェスティバル50周年の2019年は、やはりアメリカでは関連本の出版ラッシュだった。単なるノスタルジアだけではなく、ウッドストックとは何だったのか、あの時代はどんな時代だったのかを問いなおすものも多い。50年たった今だからこそ、その本質がよりクリアにみえてくる、ということもあるだろう。

ここであらためて問いたいのは、ウッドストックをその象徴とする「カウンターカルチャー」とは何だったのか、ということだ。「対抗文化」と一般的に訳されるこの運動は、何に「対抗」していたのか。それをあらためて考えなおすべきときではないだろうか。

というのは、最近どうやらカウンターカルチャーの旗色が必ずしもかんばしくなさそうだからだ。日本やアメリカにとどまらず世界中で保守反動勢力がかつてないほど力をもち、その言動の過激さがますます加速している。その一方で、それに対抗する陣営は有効な反撃ができているとはいいがたい。リベラルな思想はもはや現代において人々に訴える力をもちえないのだろうか。そしてその精神を体現していたロック／ポップミュージックも、その役目を終えてしまったのだろうか。

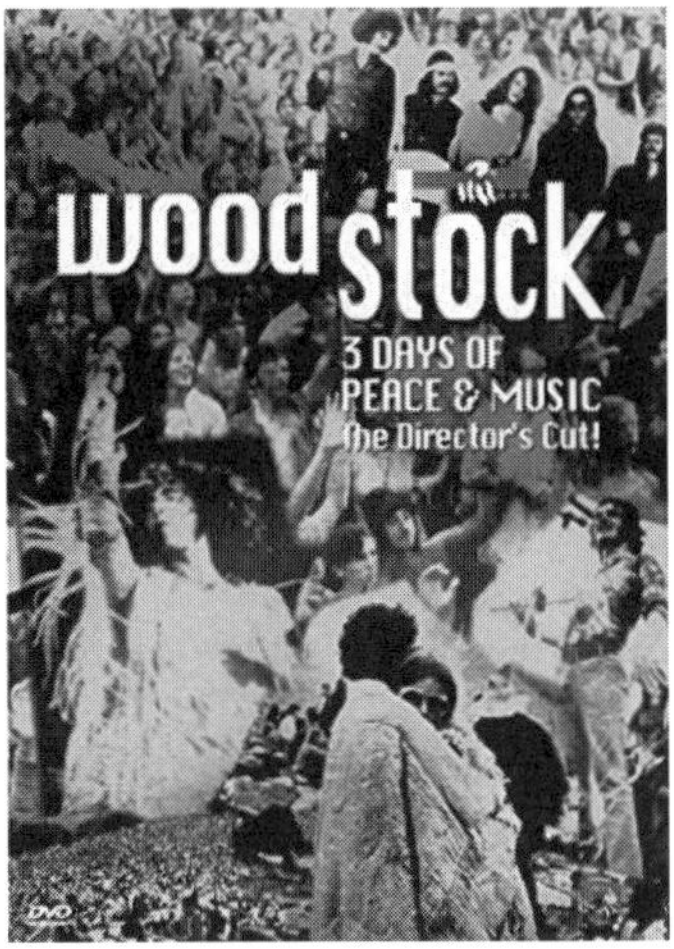

映画『ウッドストック／愛と平和と音楽の三日間』ジャケット

ここであらためて、現代社会におけるロッ

クとカウンターカルチャーの意義を、その出発点である60年代に立ち返って問いなおしたい。これが本章のめざすところである。

◉カウンターカルチャー批判の検証

まずは、カウンターカルチャーに対する現代からの批判を検討してみよう。そこから逆説的に、カウンターカルチャーの現代的な意義が浮かびあがってくるかもしれない。ということでその代表例として、ここではジョセフ・ヒースとアンドルー・ポターの『反逆の神話——カウンターカルチャーはいかにして消費文化になったか』を参照してみる。

ヒースは67年生まれの哲学者、ポターは70年生まれのジャーナリスト。いずれもカウンターカルチャー後の世代だ。ヒースたちは消費資本主義への抵抗をカウンターカルチャーの本質と定義し、そのカウンターカルチャー自体がすでに資本主義的な経済活動に取り込まれていると指摘する。そして原題通り「反逆は商売になる（The Rebel Sell）」という現状に、カウンターカルチャー派があまりに無頓着であると批判するのだ。

カウンターカルチャーの商品化というヒースたちの批判は、かつて70年代以降のロックについてまわった「産業化、商業化」という問題とほぼ重なるものだ。個人と社会を対立させ、社会の抑圧に対して個人の自由を重んじるという思想は、ある時代（つまり60年代）まではたしかに現実に力をもちえた。だが、現代の資本主義システムはそれ自体への批判をも取り込み商品化する。それがいわゆる「産業ロック」である、という批判だ。こうしたロックのメッセージは社会への根源的な反逆、異議申し立てではなく「反逆」「反抗」というイメージを「商品」として消費させるだけで、なんら有効な反抗手段とはなりえない、といわれつづけてきた。

ヒースらのカウンターカルチャー批判もほぼこのロジックに従っている。こうした批判はかねてから行なわれてきたものであるし、首肯すべきところも少なからずある。だが『反逆の神話』はそこからさらに進んで、エコロジーやスローライフなどの「いけすかない」現代的思考、そして社会的マイノリティの抗議運動であるアイデンティティ・ポリティクスまでをも一刀両断する。

じつはこの『反逆の神話』(原書刊行は2004年)とほぼ同時期に、アメリカの文芸批評家ウォルター・ベン・マイケルズが同型の議論を繰り広げていたのである。マイケルズのそれは、アイデンティティ・ポリティクス批判という形をとっていた。『シニフィアンのかたち』(2004)や『多様性をめぐるトラブル』(2006)などでマイケルズは、黒人や女性といった社会的マイノリティの権利獲得というアイデンティティ・ポリティクスが社会的課題の中心となったために、経済的格差、貧困の問題が置き去りにされてしまったと指摘する。あくまで経済的な不平等を是正しようとする伝統的左翼のスタンスから、多様性を重視する現代リベラルを批判する、というのはまさにヒース／ポターに共通する姿勢だ。

この両者には、経済格差とマイノリティの問題を切り離そうとする姿勢が共通する。だがこの経済格差とマイノリティ差別は分かちがたく絡みあっているというのが、そもそもアイデンティティ・ポリティクス(公民権運動や女性解放運動がその代表例)の出発点であった(実例を示すには、現代日本における女性の貧困と非正規雇用の関係をとりあげれば事足りるだろう)。一見、社会的公正を強調する姿勢のようにみえながら、じつはそこに現実の問題のある側面を覆い隠してしまう力学が働いている。それが『反逆の神話』やマイケルズらの議論の問題なのだ。

そして『反逆の神話』もマイケルズの著作も、読み進めていくにしたがってその主張が、新自由主義的な市場原理主義に接近していくことがあきらかとなる。

◉新自由主義／市場原理主義の現代

たとえばヒースとポターは、ＩＢＭ互換機（ＡＴ互換機）とマイクロソフトがＰＣ市場をほぼ独占したのは消費者の選択であり、アップルの有名な「１９８４」のＣＭにえがかれるようなビッグ・ブラザーによる情報と商品の独占など存在しないと主張する。だがこれはほんとうに、消費者の自由で主体的な選択の結果だったのだろうか。

初期のアップル製品があまりに高価すぎたことも一因ではあるが、ＩＢＭによるハードウェアの規格統一と、ソフトハウスの買収を含めたマイクロソフトのソフトウェア囲い込み戦略（WordStarというワープロソフトを記憶している方は、どれくらいいるだろうか）、そしてその商業戦略にしたがったハードウェアメーカー。これら供給側の事情によって、ＩＢＭ／ウィンドウズが主導するＰＣ市場が作られていった歴史は、まちがいなく存在する。たしかに目にみえる独裁者は存在しないが、消費者に自由な選択の余地もあまりなかった、というべきだろう。さまざまな状況や事情に縛られて、ウィンドウズ／ＡＴ互換機を選ばざるをえない、あるいは筆者のようにやむを得ずマックからウィンドウズへと移行した、というケースは珍しくもなんともない。市場の独占状況はたしかに存在した。これを消費者の自由な選択の結果とするのは、やや強引だろう。

そしてヒース／ポターの議論でもっとも問題とすべきは、文化の多様性を「維持コスト」の観点から否定する部分だ。少数言語を維持しようとする試みに対して、シニカルに「誰が貧乏くじを引かされるのかということ」（ヒース他 284）と言いはなつ。そのスタンスはまさに、「市場原理」をすべてに優先させる典型的な新自由主義イデオロギー以外のなにものでもない。そして新自由主義ときわめて折り合いが悪いのが、マイノリティの権利保護、アイデンティティ・ポリティクスの問題だ。それは「コストがかかる」からという一点につきるのだが、この点についてはのちほど検討しよう。

◉カウンターカルチャーのジレンマ

長々とカウンターカルチャー批判のロジックをたどってきたが、ここまできてようやく、カウンターカルチャーの現代的意義があきらかになってきたのではないか。カウンターカルチャーのもっとも重要な意義とは、市場の機能に取り込まれない、商品に還元されない人間のあり方を追求する、そのことば本来の意味でのラディカル（根源的）な姿勢だ。反逆や反抗は皮相的な現象でしかなく、その本質ではなかったのだ。

『反逆の神話』をはじめとするカウンターカルチャー批判の要は、「資本主義システムの批判であるはずのカウンターカルチャー自体が、資本主義システム内で商品化されている」という現状の指摘と、「カウンターカルチャー派はこの現状に無自覚だ」という主張、この二点につきる。前者の指摘はたしかにまちがってはいないが、これはカウンターカルチャーに限定される問題ではない（後述）。そして後者についていえば、じつはカウンターカルチャーの当事者たちは60年代からすでに、自分たちの矛盾した状況には意識的だった。その点について竹林修一は、『カウンターカルチャーのアメリカ――希望と失望の1960年代』（2014）で、そのジレンマを的確に論じている。

カウンターカルチャーとは、若者たちが「体制内で自分たちの文化領域を確立するプロセス」であり、一般的なイメージとは異なり「民主主義的で現実的」な運動だった。先にみたように、カウンターカルチャーに対して、「結局のところ、その反抗的イメージを資本主義システムに利用されてしまったのではないか」（竹林 161）という批判はよくなされる。だが竹林はその批判を逆手にとり、カウンターカルチャーが商品として流通したからこそ、その影響力を存分に行使できたと指摘し、「ヒッピーたちと文化産業の共同作業」（竹林 162）であったという事実にこそ意義がある、という。

ヒッピーの多くは中・上流家庭の子女であった。物質的に豊かな環境でなにひとつ不自由なく育ったこの若者たちは、ジョン・ケネス・ガルブレイスの『ゆたかな社会』（１９５８）やマイケル・ハリントンの『もう一つのアメリカ――合衆国の貧困』（１９６２）などの書物をつうじて、アメリカにおける貧困や格差の実態に触れた。そしてかれらは、利潤追求を是とする現代の物質主義社会に背を向ける、という選択をした。

つまりヒッピーたちは、自己の覚醒という利己的な目的のみを追求していたのではないのだ。かれらの出発点は、貧困の撲滅、社会的公正の達成などの「利他的」な精神だった。これがしっかりと認識されれば、ヒッピー・コミューンが自給自足や相互扶助、民主的な意思決定などの理念をもっていた理由も、よりはっきりと理解できるはずだ。

問題は、その理念を実現するシステムや能力を、当のヒッピーたちが十分に備えていなかったことだ。だから67年頃から次々と発生したコミューンはいずれも長続きせず、ほぼ一年もたずに自壊の道をたどった、と竹林は指摘する（竹林 80）。

ロック／ポップミュージックは、このカウンターカルチャーのなかでもっとも成功し長続きした分野といえる。それはビジネスの手法や論理と折り合うことができたからであり、そのもっとも幸福な例がウッドストックの奇跡だった。

◉ビジネスを逆搾取する戦略

どんな表現も、どんな作品も、商品として流通されなければ人々に届かない。それが現代の資本主義社会である。カウンターカルチャーを世に喧伝する大きな力となったのが同時代のポップミュージックだったが、「ロックはビジネスであるという現実」（竹林 29）から、改めてロックとカウンターカルチャーをとらえなおそう。

モンタレー・ポップ・フェスティバルが成功したのは、ジョン・フィリップスとルー・アドラーを中心とした「イベント責任者たちのビジネス・スキルによるところが大きかった」（竹林 17）。ウッドストック・フェスティバルも、マイケル・ラングがプロモーターとして前年にマイアミ・ポップ・フェスティバルを成功に導いた経験とそこで築いた人脈があったからこその企画だった。そしてもちろん、ビル・グラハムという仕掛人の存在なくして、西海岸のヒッピーカルチャーとロックミュージックの融合はありえなかっただろう。こうしたビジネスサイドの働きがあってこそ、ロックという「矛盾を包含した文化生産物」（竹林 21）が時代や社会を動かす大きな力を獲得することができた。それが60年代以降のロックの時代だったのだ。

繰り返すが、ヒッピーたちも自分たちの物質的・経済的なアドバンテージに対して無自覚だったわけではない。バートン・H・ウルフの『ザ・ヒッピー――フラワー・チルドレンの犯行と挫折』

（1968）は、ヒッピーたちの活動を支えていたのが「親や無料奉仕団体」からの無償の援助であることを示している（ウルフ 124）。だが、ヒッピーたちにとってこの経済的な依存状態は、自分たちの無力さの表れではなかった。かれらにとってはあくまで、資本主義を搾取し自分たちの大きな目的に奉仕させる戦略だったのだ。

もちろんこんな主張は都合のよい自己正当化だ、という批判もあるだろう。だが、かれらが資本主義そのものを問題としていたのではなく、「資本主義を動かす諸要素において権威主義がはびこり、それが私生活の領域まで侵食している」（竹林 21-2）状況への異議申し立てをしていたことを、もういちど強調しておきたい。

ウルフは「新しい生き方を続けるための生活費を得ようとして」（ウルフ 213）、多くのヒッピーが郵便局での仕事を選んだという事実を紹介し、「郵便局はファッショナブルな場所だったのである」と皮肉っぽくコメントする。だがこれも、主体性の回復という目的のために現実の制度をうまく利用する態度と考えるべきだろう。

かつて流行したマルクス主義的な語彙でいえば、かれらにとっては資本主義的システムが人間を単なる労働力へと「疎外」していることが問題だった。労働そのものを否定していたわけではないのだ。人間らしい生き方（というのが何をさすのかはさておいて）を回復するためにいったん現代社会から距離をおいたのであり、アーミッシュのように文明に背を向けた原始的共同体をめざしていたわけでもない。

◉カウンターカルチャーの現実路線

スチュアート・ブランドが発行した『ホール・アース・カタログ』（1968〜72）は、ヒッピーたちのコミューンを運営するために必要な知識や物品を紹介し、「実現可能な非主流的ライフスタイル」（竹林 73）を支援するものだった。だがそれは実態として、コミューンの日常生活で必要な日用品や道具などを選び、通信販売で商品を手に入れる「商品カタログ」だった。ヒッピーたちも、貨幣経済から完全に切り離されることは難しいことをよく理解していたのだ。また、例外的に成功したコミューンとして紹介されている「ザ・ファーム」では、農作業で化学肥料や殺虫剤の使用をいとわない「現実路線」（竹林 78）をとっていたという。

『反逆の神話』で展開されている、資本主義システムがあらゆるものを商品化し、そのラディカルさを奪うという議論はそれほど目新しいものではない。「人と違うもの」を欲しがる欲望のあり方自体が後期資本主義の作り出す現代的「順応」であることは、社会学者のジョン・フィスクが『大衆文化を理解する』（1989、未訳）の第1章「アメリカのジーンズ化」で詳細に論じている。またそれよりはるか以前、社会学者のデイヴィッド・リースマンも「ポピュラー音楽を聴くこと」（1950、未訳）で、いわゆる「少数派」の欲望のあり方も同様に、「人と違うこと」を求めるものだ、と指摘している。抵抗しようとあがけばあがくほどその罠にはまり込んでいくアリジゴク。それが現代の資本主義システムだ。

さらにカウンターカルチャーの現実路線は、社会的公正の実現という本来の運動の目標を現実のなかで達成するために、公民権運動や女権拡張運動（フェミニズム）、反戦運動などの社会運動と交差していく。ここでカウンターカルチャーとアイデンティティ主義が結びつくことになるのだ。『反逆の神話』でもたびたび指摘される、ヒッピー／カウンターカルチャーが東洋の神秘主義（インド哲学や禅など）やネイティヴ・インディアン文化に対して憧憬と共感をいだいたのは、たしかに自然回帰という側面もあるだろうが、このアイデンティティ主義的運動の側面からもとらえなおす必要がある。

もちろんここでいうアイデンティティ主義は、女性や人種などを自明の前提とする本質主義的思考では断じてない。そうした本質主義は結果的に、差別や偏見を温存してしまうだけだ。「黒人」や「女性」といった社会的カテゴリーに疑問を投げかけ、そのカテゴリーが生み出してしまう社会的不公正を同時に糾弾する、という現代のアイデンティティ・ポリティクスについて知りたい方には、ナンシー・フレイザーとアクセル・ホネットの「承認と再配分」をめぐる論争に端を発する一連の議論をお勧めしておこう（フレイザー＆ホネット『再配分か承認か?――政治・哲学論争』を参照）。

さまざまな社会的マイノリティは、まさにそのマイノリティであること自体によって、貧困をはじめとする社会的な不公正、不平等をこうむっている。社会的な制度とともに、マイノリティに対する他者の意識、まなざしを変えることなしには、その不公正を是正することはできない。この承認と再配分に関する議論を理解すれば、カウンターカルチャーは「意識」と「制度」の二項対立という旧弊な枠組みを乗り越える運動でもあったことがみえてくるだろう。

社会を動かすための意思決定は、一人ひとりの個人、自分たちとまったく無縁の場所で行なわれている。「（ジョンソンとゴールドウォーターの）二人の内の一人が大統領になり、他に選択の余地がない」（ウルフ 315）。このように現代社会は、一人ひとりの意思とは無関係な場所で動いている。そのなかで主体性を回復するため（などという言い方は、今では流行らないだろうが）、システム内部にとどまり現実と折り合いながらも自らの本来の目的を見失うまいとするその姿勢こそが、ウッドストック以降のロックへとつながるもっとも重要な点だろう。

◉アヴァン・ポップ——カウンターカルチャーの後継者

資本主義システムを脱臼させるためにさまざまな実験や活動を行なった。それがカウンターカルチャーだったということが、今だからこそ理解できる。議論をことポップミュージックのみに限定しても、サイモン・フリスが『サウンドの力』（1981）で論じたように、ビジネスとしてのロック／ポップミュージックのあり方と、メッセージ、表現としてのそれをどう両立させていくかが、その後のロックミュージシャンたちにとっての最重要課題となった。

ただ残念ながら、批判精神がやせ衰えた現代のポップカルチャーは逆に、その資本主義の尖兵となってしまったようにみえる。「ポップカルチャーはかつての不可侵領域さえ——すなわち現代人の無意識や性的欲望といった領域さえ——領有／植民地化してしまった」と、現代文学批評家のラリイ・マキャフリイはいう。そこでマキャフリイは「あたかもサイバーパンクがもくろんだような、テクノロジーの本質的変化をひきうけ、自分たちの目的のためにそれを制御していく」ような新たな抵抗戦略を提案する。「家の周囲のコンクリート舗装がいやだとブックサいったり」するのは、もうやめよう。「泣き言はもうたくさんだよ。それよりせっかくの舗装道路だ。スケーティングでもしてみせろ！」（マキャフリイ 274-5）。

このマキャフリイ唱えるアヴァン・ポップこそが、カウンターカルチャーの精神を現代に受け継いでいる思想なのだ。どんな反逆的で破壊的な作品も、商品として流通させることで牙を抜いてしまうのが資本主義システムだとしたら、それを逆手にとって真に破壊的で転覆的な作品をポップな装いのなかで流通させてしまおうという、ゲリラ的戦略である。

ロバート・クーヴァー『ユニヴァーサル野球協会』（1968）、キャシー・アッカー『血みどろ臓物ハイスクール』（1984）、スティーブン・ライト『ゴーイング・ネイティヴ』（1994、未訳）、マーク・ダニエレブスキー『紙葉の家』（2000）などの「ポスト・ポストモダン」ともいうべき前衛的小説群は、その過剰な暴力や逸脱によって娯楽に回収しきれない残余となり、現代の安逸に慣れた読者を脅かす。サイバーパンク／スリップストリームの小説群（ウィリアム・ギブスン、ブルース・スターリング、ルイス・シャイナーなど）は、SFという大衆小説ジャンル内で、自律し暴走するテクノロジーが社会秩序を転覆する未来をめざしアジテートしつづける。映画というジャンルでも、クエンティン・タランティーノの『パルプ・フィクション』（1994）、『キル・ビル』（2003）、デヴィッド・リンチの『ブルーベルベット』（1986）などが、エンターテイメントの枠に本来は収まりえないはずの超暴力的な描写を、ポップな装いの下に軽々と潜り込ませてくる。

音楽の世界では、パティ・スミス、ローリー・アンダーソン、ジョン・ゾーンらのように、断片化された情報が充ち溢れる現代社会のあり様を、ことばや音でえがきだしてみせるアーティストがアヴァン・ポップの代表格だろう。あるいはヒースとポターが『反逆の神話』で「聴くに堪えない」と酷評するルー・リードの『メタル・マシーン・ミュージック』（1975）。このリスナーの聴覚を攻撃する目的のみで作成された究極のノイズミュージックが、メジャーレーベル（RCA）から発売されてしまったという皮肉な状況こそが、アヴァン・ポップのしたたかさを示す。

だが、こうした「いかにも」なアヴァンギャルドミュージックではなく、メインストリームのど真ん中でシステムに抗いつづけているアーティストがいる。まさにアヴァン・ポップの精神を体現しつづけ、ラリイ・マキャフリイが敬愛してやまない男。それがブルース・スプリングスティーンだ。

◉ブルース・スプリングスティーン――生きつづけるカウンターカルチャーの精神

ブルース・スプリングスティーンを前衛的で革新的なアーティストだというと苦笑する人がいるに違いない。だが、スプリングスティーンの二枚目のアルバム『青春の叫び』（*The Wild, The Innocent and the E-Street Shuffle*, 1973）を聴けば、「スプリングスティーンこそはアメリカでもっとも独創的で革新的な作曲家」（マキャフリイ 284）であることが理解できる、とマキャフリイは断言する。「Eストリート・シャッフル」の変則的なリズム。ジャジーなピアノがリードする「ニューヨーク・シティ・セレナーデ」。「ロザリータ」の重厚なホーンセクション。〝第2のボブ・ディラン〟と呼ばれたデビュー時のスタイルの名残を感じさせる「57番通りの出来事」。『青春の叫び』は、ロックンロール、ジャズ、ソウル、フォーク、その他もろもろの音楽ジャンルを越境し紡ぎ合わせるなかから、独自の音楽スタイルを模索する試みだった。そして「7月4日のアズベリー・パーク」などにみられるハイブリッドな言語スタイルを通じて、60年代のロック神話を解体しつつ、あらたなストリートの言語表現を構築する。そんなブルースの野心的な試みが凝縮されたのが、この『青春の叫び』だった。

ここで探求した自分自身のロックと言語を自家薬籠中のものとしたのが、『明日なき暴走』（*Born to Run*, 1975）と『闇に吠える街』（*Darkness on the Edge of Town*, 1978）だったのはいうまでもな

『明日なき暴走』ジャケット

い。「涙のサンダー・ロード」や「ボーン・トゥ・ラン」、「レーシング・イン・ザ・ストリート」、「暗闇へ突走れ」など、車をモチーフとした曲が数多いのがブルースの特徴だが、それまで若者の未来や憧れのライフスタイルを象徴していた自動車は、ブルースの手によって過酷な現実からの逃避、つかの間の至福、未来へのかすかな希望などを担うものに書き換えられた。それによって、アメリカン・ドリームの変質と社会による個人の抑圧を暴き立てたのだ。

だがそれでも、この二枚には未来へと向かおうとする力強さが確かに感じられた。それにつづく、二枚組の大作『ザ・リバー』（*The River*, 1980）ではさらに内省的になり、アメリカの繁栄から取り残されたものたちの孤独や人生の矛盾がさらに際立つ（いつまでたっても、タイトル曲は涙なしには聴けない）。そのアメリカの現状への怒りは、あの名盤『ボーン・イン・ザ・U・S・A』（*Born in the U.S.A.*, 1984）で爆発するのだが、そこでも闘いに敗れたものたちへの温かなまなざしをたたえる「グローリィ・デイズ」や、行き場のない憤りを叩きつける「ダンシング・イン・ザ・ダーク」のように、ブルースは弱者、マイノリティに寄り添いつづけている。

ジョン・スタインベックの不朽の名作『怒りの葡萄』（１９３９）に想を得た『ザ・ゴースト・オブ・トム・ジョード』（*The Ghost of Tom Joad*, 1995）は、同じく「トム・ジョード」を歌った先人であるウディ・ガスリーへのオマージュでもある。ガスリーは、資本主義に搾取される苦しみにあえぐ農民たちのために立ち上がる主人公トム・ジョードをたたえた。スプリングスティーンが歌う「トム・ジョードの幽霊」が寄り添うのは、メキシコをはじめとする中南米諸国からの不法移民たちだ。

現代アメリカの繁栄は、低賃金の労働力としてこの不法移民たちを搾取することで成り立っている。だが、あるいはだからこそ、この貧しい移民たちは現在の境遇にとどめられなければならない。かれらが社会的な上昇を達成してしまえば、低廉な労働力に依存した経済システムが維持できなくなるからだ。もっともそうなったら、また別の社会階層が搾取対象として見出されるだけだろう。アメリカの資本主義システムはそうして、階層分化と格差を維持しつづけてきた。このアルバムはそうした資本主義／新自由主義的システムの欺瞞を糾弾する。まさにカウンターカルチャーからつづく社会批判に連なる作品だ。

２００１年9月11日の同時多発テロから生まれた『ザ・ライジング』(*The Rising*, 2002)では、この悲劇によって人々が負ったさまざまな傷が生んだ分断による哀しみ(「ワールド・アパート」)と和解への希望(「ファーザー・オン」)が祈りをこめて歌われる。ここでも人々があくまで主役である。だからこそ、イラク戦争とブッシュ政権への批判をこめた『デビルズ・アンド・ダスト』(*Devils and Dust*, 2005)も大上段からの政治批判ではなく、表舞台の政治的動きの陰で犠牲になったり(「デビルズ・アンド・ダスト」)、忘れ去られたり(「ブラック・カウボーイズ」)する人々を浮かび上がらせるのだ。

その翌年に、ボブ・シーガーへのトリビュート・アルバム『ウィ・シャル・オーヴァーカム：

ザ・シーガー・セッションズ』（*We Shall Overcome: The Seeger Sessions*, 2006）を発表したのも同様に、自らの出発点であった人々との連帯、一人ひとりの人間への思い、そして人々をないがしろにするすべてのものへの怒りを確認するためだったのだろう。

このようにブルース・スプリングスティーンは、ポップミュージックの世界の中心で、世界の革新と人々の連帯と未来への祈りのことばを叫びつづけている。まさにカウンターカルチャーからアヴァン・ポップへとつらなる反逆的ポップカルチャーのひとつの理想のあり方だ。

ブルース・スプリングスティーンは、個に立脚した連帯、自由と自尊心を取りもどそうと訴えつづけている。これこそがカウンターカルチャーからロックへと受け継がれている精神だ。アメリカ社会内部での分断と反目が一層深まりつつある今、カウンターカルチャーの精神、そのめざしたところを、あらためて評価しなおすべきときがきている。

ブルース・スプリングスティーンこそ70年代とそれ以降をつなぐ最重要な存在である。70年代までのロックについてここまで論じてきたが、それはロックという50年代に生まれ60年代に発達した音楽が、時代や社会、文化、政治など、さまざまな問題と絡みあった思想的な運動であったことを示すためである。音楽を超えて文学や哲学や映画やその他の分野とも連携し、ときに相互に影響を与えあいながら、それらがすべて結びつく時代としての70年代、そしてそうした多様性を体現する空間としてのアメリカについて考察してきた。その結節点、成果としてのブルース・スプリングスティーンが改めて論じられるべきであるが、そこで書くべきことは、あまりにも多い。これは来たるべきブルース・スプリングスティーン論への序章であり、次の思考へとつなぐための助走としたい。

70年代という時代を、その音楽をつうじて理解するという本書の試みの先に、80年代以降の音楽と社会のつながりがある。それについてはこれから見取図をえがくことになろう。だが必ずや、そこからさらに、今この時代へとつながる展望がみえてくるはずだ。

あとがき　70年代ロックとアメリカ音楽の「闘い」

これまで70年代のロック、とくにブリティッシュ・ロックは、どちらかといえばその音楽の思想性や身体性を軸として評価されてきた。それに対して本書第Ⅰ部では、「闘い」をキーワードとして、60年代とは異なる戦略や方法で政治や社会を問い直すものとして再評価を試みた。政治性とは対極にありそうなキング・クリムゾンやイエス、ジェネシス、EL&Pなどのプログレッシヴ・ロックも、西洋の思想史や音楽史に再文脈化することで、とくに現代の新自由主義的資本主義システムに異を唱えるその政治性を明らかにできた。またジェフ・ベックやマーク・ボラン／Tレックス、ザ・フー／ピート・タウンゼンドらも、メディアやイギリスの社会システム、あるいは近代や西洋そのものとの対峙がその音楽を形作ってきたことを論じた。

つづく第Ⅱ部では、アメリカの音楽に軸足を移し、こちらも従来の文脈とは異なる視点からの評価を試みたつもりだ。アメリカ音楽といえば、どうしても人種民族問題や60年代的カウンターカルチャーから語られることが多い。それに対して、たとえば単純なアイデンティティ主義に拠らず、音楽と人種民族、歴史などとの関わりを問い直したカルロス・サンタナやジミ・ヘンドリックス、アメリカという国家とアメリカ人のアイデンティティの人工性、虚構性を突きつけるイーグルス、男性性と人種民族問題が分かちがたく結びつく状況を脱構築したマーヴィン・ゲイなどの音楽に、新たな意義を見いだせたのではないか。そしてボブ・ディランをつうじて文学という制度の問題や、ケンドリック・ラマーに見られる新たな時代のアイデンティティ・ポリティクス、そして60年代のウッドストックと現代をつなぐ存在としてブルース・スプリングスティーンに焦点を当てることで、アメリカにおける音楽と社会の闘いを現在進行形の問題として提示した。

こうして、「音楽で闘う」アーティストたちとその闘い方をつうじて、70年代以降のロックやポップミュージックでは、エンターテイメント性と政治性が分かちがたく結びついていることも示したかった。それこそが音楽のもっとも重要な意義であると、わたしは信じている。

＊＊＊＊＊＊＊＊＊＊＊＊

もともとは文芸批評家の岡和田晃氏をつうじて、河出書房新社の編集者、阿部晴政氏からキング・クリムゾンについての論考を依頼されたのがはじまりだった。岡和田氏の推薦でコンタクトをとられてきた阿部氏から、「クリムゾンをSF的、文学的に論じてください」とのおことばをいただいたとき、まずはわたしがこれまでやりたかったこと、自分がすべきだと思ってきたことが、まさにそれだったということを思い出させていただいた。ロックを語るのに、音楽評論や音楽研究のことばからいったん解き放つこと。文学とロックを同列に、文学を語ることばでロックを語ること。それができる場所を与えていただけたのだ。まさに僥倖であり、思いもかけぬ出会いでもあった。

90年代をつうじて、ポストモダニズムとアヴァン・ポップという、わたしたちの時代と社会を覆いつくすシステムへの考察をするなかで、ロックという音楽の意味を考えつづけてきた。そして、文学と時代が共振、共鳴する現象を、笙野頼子や川上弘美、佐藤哲也、円城塔などの同時代作家のハイブリッドな作品群をつうじて体験するなかから、自分が育ってきた70年代という時代を、音楽と文学をつなぐなかからあらためて見直すことはできないか、とも考えていた。だからキング・クリムゾンからＥＬ＆Ｐまでのプログレッシヴ・ロックは、この問題意識にうってつけだったのだ。これも偶然とはいえ、まさに時宜をえたテーマをいただけた。

わたしにとっても別格なギタリストがジェフ・ベックである、このベックについて書く機会を与えていただいたのは、うれしくもあり怖くもあった。だが、そこであえて音楽雑誌や音楽研究の語彙から遠ざかりベックやロックギターについて考えるきっかけともなった。そのなかからみえてきたのが、同時代のイギリスを超えた西欧の思想や制度、歴史などに接続できる可能性であり、その切り口としての「メディア」であった。マーク・ボラン／Ｔレックス、ザ・フーなどはこれまで、同時代の社会や歴史といったコンテクストを超えた視点からの考察はあまりなされてこなかったことから、ここでわたしなりのロック論、ロック文化論を構築する基礎ができたのではないかと、ささやかながら自負している。このロック論考を書かせていただくきっかけをいただいた岡和田氏から、「闇」をテーマにした依頼をいただいたときにも、自然とラヴクラフトとブラック・サバス／ＨＭというテーマが浮かんだのも、この基礎があったからだ。

イーグルスという題材を頂戴し、まさに70年代とアメリカについて考えはじめた矢先の２０１６年の暮れに、ボブ・ディランのノーベル文学賞受賞というニュースが飛びこんできた。ここでまた幸いにも、阿部氏を通じて同じく河出書房新社の編集者、岩本太一氏から、ボブ・ディランとアメリカ文学、アメリカ詩について「思いっきり論じてほしい」というご依頼をいただいた。わたしごときに歯が立つとは思えない巨大なテーマではあったが、それでも何とか、自分のこれまでのアメリカ文学者としてのあれこれの蓄積を駆使して、ディランとアメリカ文学を接続する視点を得ることができたのは幸いだった。その後も岩本氏からマーヴィン・ゲイやケンドリック・ラマー、ウッドストックなど、まさに過去と現在という時間軸に、日本とアメリカという地域的広がり、そしてさらに性や人種などの社会的コンテクストのなかで音楽を立体的に考察する、きわめて貴重な経験を積ませていただいている。また阿部氏からもあらためて、サンタナやジミ・ヘンドリックスのような、社会的・文化的アイデンティティとその音楽性が深いところでシンクロしているギタリストについて考える機会もいただき、アメリカと現代、そしてロック／ポップミュージックの相互関係についての新たな視座もえることができた。サンタナとジミヘンは、いうまでもなくロック史を代表するギタリストである。わたしも個人的にギターを（下手の横好き、素人の手慰みだが）弾いてきた経験から、ジェフ・ベックを含めてギタリストについて語るのは、何より楽しかった。

本書に収めた文章は一編をのぞいて、河出書房新社から発行されている『文藝別冊』シリーズのムックに掲載していただいた論考に手を入れたものである。手を入れたといっても、初出時と本書出版のタイムラグを埋めるための手直しや、文体や表現の部分での小修正がほとんどで、大幅な改稿は行なわなかった。それはもちろん、わたしの論旨が完成されたものだと主張するつもりではない。手を入れはじめたらキリがない、ということもあるが、最初から問題意識が明確であったことが幸いしたのか、改めて読みなおしてみて、各論考の間でそれほどブレがなかったからである。

これについては間違いなく、わたしの興味関心や得意な領域を理解し、それに合わせて毎回原稿を依頼してくださった阿部晴政氏と岩本太一氏のおかげである。暖かなコメントと同時に適切なアドバイスをくださる両氏にはいくら感謝をしてもしきれないが、あらためて厚くお礼申しあげる。

またこの原稿をまとめるにあたり、出版をこころよくお引き受けくださった小鳥遊書房の高梨治氏にも深く感謝している。かねてよりわたしの書くものに興味をよせてくださり、いつか一緒に仕事をしましょうとお声がけいただいていた高梨さんと、こうしてわたしの初の単著を出すことができたのは、望外の喜びである。

本書を企画するにあたり、高梨氏と「これまでの研究書とは少し違ったものにしたい」という方向性で一致した。そこで少年画報社の『思い出食堂』シリーズなどで活躍中のマンガ家、横山ミィ子氏にお願いしてイラストを寄稿していただくことになった。ご多忙のなか、とても魅力的な数々のイラストをお寄せくださった横山氏には、感謝のことばもない。

各文章の内容については、いずれもご依頼をいただいて執筆したものであるため、自分から進んで提案したりもちこみで執筆したものはない。だが日頃からロックやポップミュージックについての思考をめぐらすうえで、数多くの方々からの刺激や情報やアドバイスなどをいただいてきた。それらがここに収録された文章やわたしの思考の血肉となっている。すべての方の名前をあげるのは難しいが、以下の方々にはとくに感謝を申しあげたい。小沢英二氏（椙山女学園大）、広瀬正浩氏（椙山女学園大）、水川敬章氏（神奈川大）、厚見玲衣氏（ミュージシャン）、SHO／宮崎尚一氏（ミュージシャン）、岡和田晃氏（文芸評論家）、大野典宏氏（翻訳家、ライター）、増田まもる氏（翻訳家）、YOU CHAN／伊藤優子氏（イラストレーター）。みなさまにはたいへんお世話になりました。

そしてロックやポップミュージックにまつわるあれこれを、それなりの形にまとめあげるうえで、日頃の講義やゼミでの議論も重要な場所であった。そうした場所でのとりとめのない与太話に根気よく付きあってくれた椙山女学園大学の学生・卒業生のみなさんのおかげで本書が完成した。そして最後に、わたしの役に立つのか立たないのかわからない研究を支えてくれた家族にも感謝をささげたい。

二〇二一年一月

長澤唯史

初出一覧

第1章　『文藝別冊　キング・クリムゾン　二十一世紀的異常音楽の宮殿』河出書房新社、2015年7月
第2章　『文藝別冊　イエス　プログレッシブ・ロックの奇蹟』河出書房新社、2016年2月
第3章　『文藝別冊　ジェネシス　眩惑のシンフォニック・ロック』河出書房新社、2016年5月
第4章　『文藝別冊　エマーソン・レイク＆パーマー　鍵盤の魔術師の伝説』河出書房新社、2016年7月
第5章　『文藝別冊　ジェフ・ベック　超人ギタリストの伝説』河出書房新社、2017年11月
第6章　『文藝別冊　T・レックス　電気の武者マーク・ボランの伝説』河出書房新社、2018年5月
第7章　『文藝別冊　ザ・フー　時代をつくり時代をこえる永遠のロック』河出書房新社、2020年1月
【コラム】『トーキングヘッズ叢書 No. 80. ウォーク・オン・ザ・ダークサイド〜闇を想い、闇を進め』アトリエサード、2019年11月
第8章　『文藝別冊　ボブ・ディラン　マイ・バック・ページズ』河出書房新社、2016年12月
第9章　『文藝別冊　イーグルス　アメリカン・ロックの神話』河出書房新社、2016年9月
第10章　『文藝別冊　サンタナ　ラテン・ロックの守護神』河出書房新社、2017年3月
第11章　『文藝別冊　ジミ・ヘンドリックス伝説』河出書房新社、2018年11月
第12章　『文藝別冊　マーヴィン・ゲイ　生誕80年　引き裂かれたソウルの先駆性』河出書房新社、2019年2月
第13章　『文藝別冊　ケンドリック・ラマー　世界が熱狂する、ヒップホップの到達点』河出書房新社、2020年3月
第14章　『文藝別冊　ウッドストック1969：ロックフェスの始まり、熱狂の終わり、50年目の真実』河出書房新社、2019年8月

索引

◉サ行

◉タ行

◉ナ行

◉ハ行

参考文献

アガンベン、ジョルジョ『ホモ・サケル――主権権力と剝き出しの生』高桑和巳訳、以文社、2003.（アガンベン：2003）
――.『開かれ――人間と動物』岡田温司・多賀健太郎訳、平凡社ライブラリー、2011.（アガンベン：2011）
アッカー、キャシー『血みどろ臓物ハイスクール』渡辺佐智江訳、河出文庫、2018.
アドルノ、Th. W .『アドルノ　音楽・メディア論集』渡辺裕編、平凡社、2002.
ウィリス、ポール『ハマータウンの野郎ども』熊沢誠・山田潤訳、ちくま学芸文庫、1996.
ヴィスコンティ、トニー『トニー・ヴィスコンティ自伝――ボウイ、ボランを手がけた男』シンコーミュージック、2017.
ウォーターズ、フランク『ホピ 宇宙からの聖書――アメリカ大陸最古のインディアン　神・人・宗教の原点』林陽訳、徳間書店、1993.
ウルフ、バートン・H・『ザ・ヒッピー――フラワー・チルドレンの反抗と挫折』飯田隆昭訳、国書刊行会、2012.
エマーソン、キース『キース・エマーソン自伝』川本聡胤訳、三修社、2013.
円城塔『オブ・ザ・ベースボール』文藝春秋、2008.
大泉光一他『アメリカのヒスパニック＝ラティーノ社会を知るための55章』明石書店、2005.
大鷹俊一『レコード・コレクターズ増刊　定本ジミ・ヘンドリックス――その生涯と作品』ミュージック・マガジン、2017.
大和田俊之『アメリカ音楽史――ミンストレル・ショウ、ブルースからヒップホップまで』講談社選書メチエ、2011.（大和田：2011）
――.「博士（アメリカ文学）の異常な愛情――または私は如何にして心配するのを止めてK-POPを愛するようになったか」『ユリイカ2018年11月号　特集＝K-POPスタディーズ』青土社、2018.（大和田：2018）
大和田俊之・長谷川町蔵『文化系のためのヒップホップ入門２』アルテスパ

ブリッシング、2018.
——.『文化系のためのヒップホップ入門3』アルテスパブリッシング、2019.
岡田暁生『西洋音楽史——「クラシック」の黄昏』中公新書、2005.
岡和田晃「ブラック・メタルのイデオロギーと、世界に広がるクトゥルフメタル」『TH No.71「私の、内なる戦い〜"生きにくさ"からの表現」』アトリエサード、2017.
金関寿夫『アメリカ・インディアンの口承詩——魔法としての言葉』平凡社ライブラリー、2000.
亀井俊介他編『アメリカ名詩選』岩波文庫、1993.
川村亜樹『ヒップホップの政治学——若者文化によるアメリカの再生』大学教育出版、2012.
カント、エマニュエル『判断力批判（上・下）』篠田英雄訳、岩波文庫、1964.
木下卓他編『英語文学事典』ミネルヴァ書房、2007.
ギルロイ、ポール「愛のように大胆に？　ジミのアフロサイバーデリアと『いまだ為されていないこと』への挑戦」水嶋一憲、谷口文和訳『文藝別冊　総特集ジミ・ヘンドリックス』河出書房新社、2004.
クーヴァー、ロバート『ユニヴァーサル野球協会』越川芳明訳、白水社Uブックス、2014.
佐藤良明『ラバーソウルの弾みかた——ビートルズと60年代文化のゆくえ』平凡社ライブラリー、2004.
清水哲朗「シェリング美的直観と神話の力」『東京造形大学研究報』第17号. 東京造形大学研究報編集委員会編、2016、209-225.
シャピロ、ハリー＆シーザー・グレピーク『ジミ・ヘンドリックス——エレクトリック・ジプシー』（上・下）岡山徹訳、大栄出版、1996.
スチュアート、ジョージ・R.『大地は永遠に』中村能三訳、ハヤカワSFシリーズ、1968.
スリム、アイスバーグ『ピンプ——アイスバーグ・スリムのストリート売春稼業』浅尾敦則訳、DU BOOKS、2017.
竹林修一『カウンターカルチャーのアメリカ——希望と失望の1960年代』大学教育出版、2014.
巽孝之『プログレッシヴ・ロックの哲学』平凡社、2002.『プログレッシヴ・ロックの哲学［増補決定版］』河出書房新社、2016.

ダニエレブスキー、マーク・Z.『紙葉の家』嶋田洋一訳、ソニーマガジンズ、2002.
デイヴィス、シャロン『マーヴィン・ゲイ――悲しいうわさ』高橋恭子・藤永二美訳、キネマ旬報社、1994.
中山康樹『ロックの歴史』講談社現代新書、2014.
ナイマン、マイケル『実験音楽――ケージとその後』水声社、1992.
ナガサキ、ウィリー『THE DIG presents ラテン・ロック featuring サンタナ（シンコーミュージック MOOK)』シンコーミュージック、2014.
ハーマン、グレアム「現象学のホラーについて――ラブクラフトとフッサール」『ユリイカ』2018 年 2 月号「特集＝クトゥルー神話の世界――ラヴクラフト、TRPG、恐怖の哲学」青土社、2018.
ハラウェイ、ダナ『猿と女とサイボーグ――自然の再発明』高橋さきの訳、青土社、2000.
ヒース、ジョセフ＆アンドルー・ポター『反逆の神話――カウンターカルチャーはいかにして消費文化になったか』栗原百代訳、NTT 出版、2014.
平野敬一『マザー・グースの唄――イギリスの伝承童謡』中公新書、1972.
フリス、サイモン『サウンドの力――若者・余暇・ロックの政治学』細川周平・竹田賢一訳、晶文社、1991.
フレイザー、ナンシー＆アクセル・ホネット『再配分か承認か？――政治・哲学論争』加藤泰史監訳、法政大学出版局、2012.
ヘブディジ、ディック『サブカルチャー――スタイルの意味するもの』山口淑子訳、未來社、1986.
ボラン、マーク『マーク・ボラン詩集――ボーン・トゥ・ブギ』中川五郎訳、シンコー・ミュージック、1988.
マキャフリイ、ラリイ『アヴァン・ポップ　増補新版』巽孝之・越川芳明訳、北星堂書店、2007.
マクヘイル、ブライアン「ピンチョンのポストモダニズム」長澤唯史訳、麻生享志他編、『現代作家ガイド　トマス・ピンチョン』彩流社、2014. 52-79.
松井巧『地球音楽ライブラリー　エマーソン、レイク＆パーマー』TOKYO FM 出版、1998.
――.『地球音楽ライブラリー　イエス』TOKYO FM 出版、1998.

マリー、チャールズ・シャー『ジミ・ヘンドリックスとアメリカの光と影』廣木明子訳、フィルムアート社、2010.
マルテル、フレデリック『超大国アメリカの文化力――仏文化外交官による全米踏査レポート』根本長兵衛・林はる菜訳、岩波書店、2009.
――.『メインストリーム――文化とメディアの世界戦争』岩波書店、2012.
三浦玲一『村上春樹とポストモダン・ジャパン――グローバル化の文化と文学』彩流社、2014.
南田勝也『ロックミュージックの社会学』青弓社ライブラリー、2001.
毛利嘉孝『増補　ポピュラー音楽と資本主義』せりか書房、2012.
湯浅学『ボブ・ディラン――ロックの精霊』岩波新書、2013.
吉原聖洋『地球音楽ライブラリー　イーグルス』TOKYO FM 出版、1995.
ラヴクラフト、H・P.『インスマスの影――クトゥルー神話傑作選』南條竹則訳、新潮文庫、2019.
――.『ラヴクラフト全集（3）』大滝啓裕訳、創元推理文庫、1984.
ロビー、スティーブン編『ジミ・ヘンドリクスかく語りき　1966-1970 インタビュー集』安達眞弓訳、スペースシャワーブックス、2013.
『現代思想 2010 年 5 月臨時増刊号 総特集◎ボブ・ディラン』青土社、2010.
『地球音楽ライブラリー　キング・クリムゾン』TOKYO FM 出版、1995.
『マザーグース――初期英米選集コレクション』ユーリカプレス、2004.
『レコード・コレクターズ』2015 年 7 月号「特集　黄金時代のイエス」
『レコード・コレクターズ』2013 年 11 月号「特集　キング・クリムゾン『レッド』」
『レコード・コレクターズ』2012 年 12 月号「キング・クリムゾン『太陽と戦慄』」
『レコード・コレクターズ増刊　ウェスト・コースト・サウンド』ミュージックマガジン、2008.
『レコード・コレクターズ増刊　ザ・フー　アルティミット・ガイド』. ミュージックマガジン、2004.
『ユリイカ　特集＊ケンドリック・ラマー　US ヒップホップ・キングの肖像』、青土社、2018.

Baudrillard, jean. *Simulacra and Simulation*. Trans. By Sheila Faria Glaser. Michigan: The University of Michigan Press, 1994.（ボードリヤール、ジャ

ン．『シミュラークルとシミュレーション』竹原あき子訳、法政大学出版局、1984.)

Bramley, John. *Marc Bolan: Beautiful Dreamer*. London: Music Press Books, 2017.

Bramley, John & Shan Bramley, eds., *Marc Bolan:Natural Born Poet: Volume 1*. London: Bulletproof Cupid, 2017.

Carson, Annette. *Jeff Beck: Crazy Fingers*. Milwaukee, WI: Backbeat Books, 2001.

Currie, Mark, ed. *Metafiction*. London: Routledge, 1995.

Dimock, Wai Chee. *Through Other Continents: American Literature across Deep Time*. Princeton, NJ: Princeton University Press, 2006.

Eliot, T. S. *Collected Poems 1909-1962*. London: Faber and Faber,（エリオット、T. S.『荒地』岩崎宗治訳、岩波文庫 2010.)

Ellison, Ralph. 1952. *Invisible Man*. NY: Penguin, 1965.（エリスン、ラルフ『見えない人間』Ⅰ・Ⅱ、橋本福夫訳、ハヤカワ文庫 NV、1974.)

Ewens, Carl. *Born To Boogie: The Songwriting of Marc Bolan*. London: Aureus Publishing, 2007.

Federman, Raymond. *Take It or Leave It*. 1975. San Francisco, CA: Black Ice Book, 1995.（フェダマン、レイモンド『嫌ならやめとけ』今村楯夫訳、水声社、1999.)

Fiske, John. *Understanding Popular Culture*. Second Edition. London: Routledge, 2010.

Foucault, Michael. *The History of Sexuality Volume 1: An Introduction*. Trans. By Robert Hurley. NY: Vintage, 1990.（フーコー、ミシェル『性の歴史Ⅰ——知への意志』渡辺守章訳、新潮社、1986.)

Frith, Simon & Andrew Goodwin eds. *On Record: Rock, Pop, & The Written Word*. London: Routledge, 1990.

Giddens, Anthony. *The Transformation of Intimacy: Sexuality, Love & Eroticism in Modern Societies*. Stanford, CA: Stanford University Press, 1992.（ギデンズ、アンソニー『親密性の変容——近代社会におけるセクシュアリティ、愛情、エロティシズム』松尾精文・松川昭子訳、而立書房、1995.)

Hall, Stuart & Paddy Whannel. "The Young Audience." 1964. *Frith & Goodwin*, 27-37.

Hermann, Graham. *Weird Realism: Lovecraft and Philosophy*. Winchester: Zero Books, 2012.

Hulme, T, E. *Speculations: Essays on Humanism and the Philosophy of Art*. 1924.
London: Routledge & Kegan Paul, 1987.（ヒューム、T. E.『ヒュマニズムと芸術の哲学』長谷川鑛平訳、法政大学出版局、1970.）

Hutcheon, Linda. *A Theory of Parody: The Teachings of Twentieth-Century Art Forms*. Urbana, IL: University of Illinoi Press, 1985.（ハッチオン、リンダ『パロディの理論』辻麻子訳、未來社、1993.）

James, Darius. *That's Blaxploitation! Roots of the Baadasssss'Tude* [Rated X by anAll-Whyte Jury]. NY: St. Martin's Griffin, 1995.

Jameson, Fredric. *Postmodernism, Or, The Cultural Logic of Late Capitalism*. Durham: Duke University Press, 1992.

---. *The Cultural Turn: Selected Writings on the Postmodernism, 1987-1998*. London: Verso, 1998.（ジェイムスン、フレドリック『カルチュラル・ターン』合庭惇他訳、作品社、2006.）

Kenner, Hugh. *The Mechanic Muse*. NY: Oxford University Press, 1986.

Lipsitz, George. "Who'll Stop the Rain: Youth Culture, Rock 'n' Roll, and Social Crises." David Faber, ed. *The Sixties: From Memory to History*. Chapel Hill, NC: The University of North Carolina Press, 1994.

Macan, Edward. *Rocking the Classics: English Progressive Rock and the Counterculture*. New York: Oxford University Press, 1997.

Marcus, Greil & Werner Sollors, eds. *A New Literary History of America*. Boston: Harvard University Press, 2009.

Martin, Bill. *Music of Yes: Structure and Vision in Progressive Rock*. Chicago: Open Court, 1996.

McCaffery, Larry. *The Metafictional Muse: The Works of Robert Coover, Donald Barthelme, and William H. Gass*. Pittsburgh, PA: University of Pittsburgh Press, 1982.

---, ed. *Storming the Reality Studio: A Casebook of Cyberpunk and Postmodern Fiction*. Durham: Duke University Press, 1991.

McHale, Brian. *Postmodernist Fiction*. London: Routledge, 1987.

---. *Constructing Postmodernism*. London: Routledge, 1992.

McLuhan, Marshall. 1964. *Understanding Media: The Extension of Men*. London: Routledge, 2001.（マクルーハン、マーシャル『メディア論——人間の拡張の諸相』栗原裕・河本仲聖訳、みすず書房、1987.）

Michaels, Walter Benn. *The Trouble with Diversity: How We Learned to Love Identity and Ignore Inequality*. NY: Metropolitan Books, 2006.

---. *The Shape of the Signifier: 1967 to the End of History*. Princeton, NJ: Princeton University Press, 2004.（マイケルズ、ウォルター・ベン『シニフィアンのかたち――一九六七年から歴史の終わりまで』三浦玲一訳、彩流社、2006.）

Negus, Keith. *Popular Music in Theory: An Introduction*. Middletown, CT: Wesleyan University Press, 1996.（ニーガス、キース『ポピュラー音楽理論入門』水声社、2004.）

Power, Martin. *Hot Wired Guitar: The Life of Jeff Beck*. London: Omnibus Press, 2014.（パワー、マーティン『ジェフ・ベック――孤高のギタリスト』上・下、細川真平監修・前むつみ訳、ヤマハミュージックメディア、2015.）

Pettegrew, John. *Brutes in Suits: Male Sensibility in America, 1890-1920*. Baltimore, ML: Johns Hopkins University Press, 2007

Priest, Christopher. *The Affirmation*. London: Faber and Faber, 1981.

Riesman, David. “Listening to Popular Music.” 1950. Frith & Goodwin, 5-13.

Roland, Paul. *Electric Warrior*. London: Omnibus Press, 1979.

---. *Cosmic Dancer: The Life and Music of Marc Bolan*, London: Tomahawk Press, 2012.

---. *Metal Guru: The Life And Music Of Marc Bolan*. London: Cadiz Music Ltd, 2017.

Said, Edward W. *Orientalism*. NY: Pantheon Books, 1978.（サイード、エドワード・W『オリエンタリズム』板垣雄三他監修・今沢紀子訳、平凡社、1986.）

Santana, Carlos, et.al. *The Universal Tone: Bringing My Story to Light*. NY: Little, Brown & Co、2014.

Shiner, Lewis. *Glimpses*. NY: William Morrow and Company Inc., 1993.（シャイナー、ルイス『グリンプス』小川隆訳、創元SF文庫、1997.）

Spivak, Gayatri Chakravorty. *Death of a Discipline*. NY. Columbia University Press, 2003.（スピヴァク、G. C.『ある学問の死――惑星思考の比較文学へ』上村忠雄他訳、みすず書房、2004.）

Stern, Jonathan. *The Audible Past: Cultural Origins of Sound Reproduction*.

Durham: Duke University Press, 2003.（スターン、ジョナサン『聞こえくる過去』中川克志他訳、インスクリプト、2015.）

Straw, Will. "Characterizing Rock Music Culture: The Case of Heavy Metal." 1983. Frith & Goodwin, 97-110.

Tabbi, Joseph. *Postmodern Sublime: Technology and American Writing from Mailer to Cyberpunk*. Ithaca: Cornell University Press, 1995.

Tanner, Tony. *City of Words: American Fiction 1950-1970*. London: Jonathan Cape, 1971.（タナー、トニー『言語の都市―― 現代アメリカ小説』佐伯彰一・武藤脩二訳、白水社、1980.）

Thompson, Emily. *The Soundscape of Modernity: Architectural Acoustics and the Culture of Listening in America, 1900-1933*. Cambridge, MA: The MIT Press, 2004.

Townshend, Pete. *Horses' Neck*. London: Faber and Faber, 1985.（タウンゼンド、ピート『四重人格』大橋悦子訳、晶文社、1987.

---. *Who I Am*. London: HarperCollins, 2012.（タウンゼンド、ピート『ピート・タウンゼンド自伝―― フー・アイ・アム』森田義信訳、河出書房新社、2013.）

Walser, Robert. *Running with the Devil: Power, Gender, and Madness in Heavy Metal Music*. Middletown, CT: Wesleyan University Press, 1993.

Waugh, Patricia. *Metafiction: the Theory and Practice of Self-Conscious Fiction*. London: Routledge, 1984.

Weinstein, Deena. *Heavy Metal: The Music and Its Culture, Revised Edition*. 1991. Boston: Da Capo Press, 2000.

Welch, Chris & Simon Napier-Bell, *Marc Bolan: Born to Boogie*, London: Eel Pie Publishing、1982.

Wright, Stephen. *Going Native*. NY: Farrar Straus & Giroux, 1994.

Granta. Vol. 7 "Best of Young British Novelists." 1983.

【著者】

長澤唯史

（ながさわ　ただし）

1963年　静岡県清水市（現・静岡市清水区）生まれ／1986年　慶應義塾大学文学部卒業／1988年　同大学院文学研究科英米文学専攻修士課程修了／1990年　同博士課程中退／豊田工業高等専門学校等を経て、現在、椙山女学園大学国際コミュニケーション学部教授。
専門はアメリカ文学、ポピュラー音楽研究。（共著）『日米映像文学は戦争をどう見たか』（2002年、金星堂）、『ヘミングウェイ大事典』（2012年、勉誠出版）、『ブラック・ライヴズ・マター　黒人たちの叛乱は何を問うのか』（2020年、河出書房新社）、（論文）“The Reception of American Science Fiction in Japan” (2016, *Oxford Research Encyclopedia of Literature*) 他、多数

椙山女学園大学研究叢書 49

70 年代《ねんだい》ロックとアメリカの風景《ふうけい》

音楽《おんがく》で闘《たたか》うということ

2021 年 1 月 29 日　第 1 刷発行

【著者】

長澤唯史

発行者：高梨 治

発行所：株式会社**小鳥遊《たかなし》書房**

〒 102-0071　東京都千代田区富士見 1-7-6-5F

電話 03 -6265 - 4910（代表）／ FAX 03 -6265 - 4902

https://www.tkns-shobou.co.jp

装幀　鳴田小夜子（坂川事務所）

印刷　モリモト印刷株式会社

製本　株式会社村上製本所

ISBN978-4-909812-48-3　C0073